U0139199

周浩治　著

文史哲學集成

論孟章句辨正及精義發微

文史哲出版社印行

論孟章句辨正及精義發微 / 周浩治著. -- 初版 --
臺北市：文史哲，民 105.01 印刷
頁; 21 公分（文史哲學集成；114）
ISBN 978-957-547-319-8（平裝）

文史哲學集成 114

論孟章句辨正及精義發微

著　者：周　浩　治
出版者：文　史　哲　出　版　社
http:// www.lapen.com.tw
e-mail：lapen@ms74.hinet.net
登記證字號：行政院新聞局版臺業字五三三七號
發行人：彭　正　雄
發行所：文　史　哲　出　版　社
印刷者：文　史　哲　出　版　社
臺北市羅斯福路一段七十二巷四號
郵政劃撥帳號：一六一八〇一七五
電話886-2-23511028・傳真886-2-23965656

實價新臺幣三二〇元

一九八四年（民七十三）八月初版
二〇一六年（民一〇五）一月（BOD）初刷

ISBN 978-957-547-319-8　00114

論孟章句辨正及精義發微　目次

周浩治著

「通經致用」的再出發……一九三

治論、孟條例——代序

朱熹說：「論、孟工夫少，得效多；六經工夫多，得效少。」

先說工夫「多、少」的問題：

論語僅用一千五百九十二個單字，孟子用一千九百五十九個單字。再就總字數言：

論語總共是一萬二千七百字。

孟子是三萬四千六百八十五字。（註一）

論、孟合計，不過四萬七千三百八十五字。

六經部分（樂經早佚，實則只五經而已）是：

易經　二萬四千二百七字。

書經　二萬五千七百字。

詩經　三萬九千二百二十四字。

周禮　四萬五千八百六字。

禮記　九萬九千二十字。

春秋　一萬八千字。

合計：二十五萬一千九百五十七字。（註二）

光從總字數的比較上看，就可以知道二者須要工夫的多少了。

而就文字難易的比較來說：

韓文公：「周誥殷盤，佶屈聱牙。」是人人早已耳熟能詳的話。

近代學問最博而方法最縝密，始創新經學的大師王國維更坦白的說：

「詩、書爲人人誦習之書，然於六藝中最難讀。以弟之愚闇，於書所不能解者殆十之五；於詩，亦十之一二。此非獨弟所不能解也，漢、魏以來諸大師，未嘗不強爲之說，然其說終不可通。以是知先儒亦不能解也。」因此，

傅斯年先生很不客氣的指出：「六經雖在專門家手中，也是半懂半不懂的東西。」他說：

「經過明末以來樸學之進步，我們今日應該充分感覺六經之難讀。漢儒之師說既不可恃，宋儒的臆想又不可憑，在今日只有妄人才敢說詩書全能了解。有聲音文字訓詁學訓練的人，是深知「多聞闕疑」、「不知爲不知」之重要性的。………六經雖在專門家手中，也是半懂半不懂的東西。」

再說得效「多、少」的問題：

日本著名漢學家伊藤仁齋，推許論語是：「最上至極宇宙第一書。」

本田成之以爲：

「論語是一部不下於詩、書、春秋的書，且可說是在這些書之上，有極重大價值的東西。孔子底微言大義，論語中最多是當然的了。」

宋、趙普有

「以半部論語治天下」之語。

梁任公說：

「孔子個人有多少價值，論語便也連帶地有多少價值。」

至於孟子：

趙岐、孟子題辭說：

「包羅天地，揆敍萬類，仁義道德，性命禍福，粲然靡所不載。帝王公侯遵之，則可以致隆平、頌清廟；卿大夫、士蹈之，則可以尊君父，立忠信；守志厲操者儀之，則可以崇高節，抗浮雲。有風人之託物，二雅之正言；可謂直而不倨、曲而不屈，命世亞聖之大才者也。」

韓文公曰：

「自孔子沒，獨孟軻氏之傳得其宗。故求觀聖人之道者，必自孟子始。」

程子曰：

「孟子未敢便道他是聖人，然學已到至處。」

則論、孟二書的價值，六經實無以遠過。無怪乎趙岐有「論語者，五經之錧鎋，六藝之喉衿也。孟子之書，則而象之」之言。因此，今人談「讀經」，自應在論、孟二書上著力，才是正確的方向。只要方向走對，「眞積力久則入」，（註三）必能精義入神，孕育出「富貴不能淫，貧賤不能移，威武不能屈」那種頂天立地，不懼兵刄，以明大節的大丈夫。我們今天的社會，最需要的便是這種人才，最缺乏的也是這種人才；自然也就更顯出讀論、孟的重要性。

千百年來，歷代學者，研究論、孟的著作，可說是車載斗量，不可勝數。我們今天是否還有文章可作？關於這個問題，先賢的治學心得，給我們作了最有力的答覆：

鄭汝諧說：

「聖人之言，溥博淵深，非若諸子可俄而測度也。漢唐以來，鮮有識其旨者。本朝二程、橫渠、楊、謝諸公，互相發明，然後此書之義顯。謂諸公有功於此書則可，謂此書之義備見於諸公之書則不可。何者？言有盡、旨無窮。譬之山海之藏，隨取而獲，取者雖夥，未見能竭其藏也。」

王若虛說：

「解論語者，不知凡幾家，義略備矣；然舊說多失之不及，而新說每傷於太過。夫聖人之意，或不盡於言，亦不外於言也。不盡於言，而執其言以求之，宜其失之不及也；不外乎言，而離其言以求之，宜其傷於太過也。盍亦揆以人情而約之中道乎！嘗謂宋儒之議論，不爲無功，而亦不能無罪焉：彼其推明心術之微，剖析義利之辨，而斟酌時中之權，委曲疏通，多先儒之所未到，斯固有功矣。至於消息過深，揄揚過侈，以爲句句必含氣象，而事事皆關造化，將以尊聖人而不免反累名，爲排異端，而實流入於其中，亦豈爲無罪也哉！」

黃宗羲說：

「四子之義，平易近人，非難知難盡也。學其學者詎止千萬人、千百年，而明月之珠，尙沉於大澤，既不能當身理會，求其着落；又不能屛去傳注，獨取遺經，精思其故。成說在前，此亦一述朱，彼亦一述朱，宜其學者之愈多而愈晦也。」

綜合以上各家的說法，我們可以得到這樣的印象：

儘管四子書前人推勘已深，傳注汗牛充棟，然「謂此書之義備見於諸公之書則不可。」「舊說多失之不及，而新說每傷於太過。」「宋儒之議論，不爲無功，而亦不能無罪焉。」因此，舊注的匡謬補闕與新義的開發，俱屬今日刻不容緩之事。

從事這一樁工作，必須跳出「此亦一述朱，彼亦一述朱」的藩籬，「屛去傳注，獨取遺經，精思其故」，才能突破成說，有所創獲。

職是之故，筆者特創爲「治論、孟條例」，據以從事「章句辨正與精義發微」，敢言不僅對舊注之失，多所匡正，而在「折衷群言，開發新義」方面，尤多心得，茲詳述於后：

壹、治論語條例

一、讀論語，必先標點斷句正確，然後義全

古書原無句讀，今人讀古籍，必先標點斷句，然後能讀。以泰伯篇：「民可使由」章爲例：這章書如果依一般「民可使由之，不可使知之。」的斷句法，那麼望文生義，確實是可以解釋成孔子主張採行愚民政策，談不上什麼「厚誣聖人」，只緣「論語一書，無非言仁」，而「仁者無不愛」，因此可以斷言「聖人之心，定不如是。」程、朱二子的說解：「聖人設教，非不欲人家喻而戶曉也。然不能使之知，但能使之由之爾。若曰聖人不使民知，則是後世朝四暮三之術也，豈聖人之心乎？」「民可使之，由於是理之當然，而不能使之知其所以然也。」也就理所當然了。所以會有這種截然不同的解釋，關鍵便全在標點斷句上：如果依梁任公的斷句法：「民可，使由之；不可，使知之。」便不會有任何誤解發生了。探討這章書的原意，還它本來面目，我們可以得到一個寶貴的啓示，那就是：「整理古籍，必須標點斷句正確，然後義全。」只要標點斷句正確，不獨可以避免「據理通經」，不能「因經顯理」的那種「借後儒之理，以說先聖之經」的尷尬局面，使先聖之經原原本本的呈現在我們的面前，且可以避免滋生許多無謂的困擾，疑誤後生，述而篇：「加我數年，五十以學易」章，就是最顯明的例子。

述而篇這章書，傳統的斷句法是：

子曰：「加我數年，五十以學易，可以無大過矣。」

由於斷句的錯誤，使得後儒荒腔走板的說解，不一而足，且振振有詞，以這章書作爲孔子傳易的有力證據：什麼「年五十而知天命，以知命之年，讀至命之書，故可以無大過。」「所以必五十而學易者，人年五十是知命之年也。易有大演之數五十，是窮理盡命之書，故五十而學易也。」「此章孔子言其學易年也。」等等，可謂離譜之至。

其實，這章書中的「五十」，如果當「五十歲」解的話，則這章書的語氣，便完全桑榆晚景的味道，充滿了企盼能活到五十歲的嚮往之情。孔子是一個享年七十三高齡的人，如何竟在四十幾歲的壯盛之年，（加我數年，方至五十。）便發出來日無多的哀鳴？可見當「五十歲」解，無論如何「曲爲之說」都是講不通的。司馬遷也許看出這個道理了，於是在史記孔子世家裏頭，改爲「孔子晚而喜易，序、彖、繫、象、說卦、文言。讀易，韋編三絕。曰：假我數年，若是，我於易則彬彬矣。」朱熹便根據史記作注，說：

「劉聘君見元城劉忠定公，自言嘗讀他論，加作假，五十作卒；蓋加、假聲相近而誤讀，卒與五十，字相似而誤分也。愚按：此章之言，史記作假我數年，若是我於易則彬彬矣。加正作假，而無五十字。蓋是時孔子年已幾七十矣，五十誤無疑也。學易則明乎吉凶消長之理，進退存亡之道，故可以無大過。蓋聖人深見易道之無窮，而言此以教人，使知其不可不學，而又不可以易而學也。」

這樣改字求通，鑿空立論，雖然巧妙地避開「五十」兩字說解不通的困擾，但仍無補於孔子實未嘗傳易這一事實。

李鏡池說：

「史記那段文字之前，是歷敍孔子與詩書禮樂底交涉，所謂『刪詩書，定禮樂』者是也。在那段文字之後，說：

孔子以詩書禮樂教，弟子蓋三千焉。

這一句頗重要：第一，可見孔子沒有拿易來教人，說孔子以六經教弟子，恐怕西漢才有這個說法。第二，『孔子晚而喜易』一段文字，揷在這裏雖然可以，但與上下文沒有關連，竟成爲一節獨立的文字。故這段文字若不是錯簡，定是後人揷入。」

何況史記自序，引繫辭稱易大傳，並不稱經，亦不以爲孔子語。（註四）足微舊解之謬誤。

至於「五十以學易」的「易」字問題，錢穆先生說：

「五十以學易，古論作『易』，魯論作『亦』，連下讀。比觀文義，魯論爲勝。則孔子無五十學易之說也。」

「古無六經之目，易不與詩、書、禮、樂同科，孔子實未嘗傳易。今十傳皆不出孔子，世家亦但言『孔子四十七，不仕，而修詩、書、禮、樂。』並不及易。而正義謂『言其學易之年』，明爲誤矣！世家又謂『孔子晚而喜易，序易傳。』蓋皆不足信。」

本田成之也說：

「魯論語易字作亦。……齊、魯、古論語若有歧異時須從魯論爲正，誰亦無異議者。」

原來漢朝張禹講授論語，是以魯論爲主，兼採齊、魯論語說，著張侯論，爲當時所貴。而東漢末大儒鄭康成校注論語，篇章槪依魯論，齊論語與古論語均供參考。後世傳誦，便多以鄭氏校注本爲據。因此，這章書的斷句，應依俞樾的見解：

續論語駢枝云：此當以「加我數年」爲一句。「五十」爲一句。……「五十」兩字，承「加我數年」而言，言或五或十也。

俞說另有「以學易」爲一句，錢穆先生以爲「是亦取世家『晚而喜易』之說而略變之也。」今孔子既無傳易之事，且無論從古論作「易」，或從魯論作「亦」，均連下讀，則「以學」二字，自應爲一句，「亦可以無大過矣」爲一句。陳鱣論語古訓說：「亦可以無大過矣」者，即「欲寡其過」意也。

衡情度理，所謂：「加我數年」，本來就不會很長，要不五年，頂多十年，且爲風燭殘年語氣。如此說解，始能語意相承，脈絡一貫，合於聖賢「活到老，學到老；學到老，學不了」的精神。所以這章書合理的新面貌，應是：

子曰：「加我數年，五、十，以學，亦可以無大過矣。」

以白話說解：

孔子說：「再給我幾年的時間，或者五年，或者十年，讓我好好學遍先王之道，這樣，也就不會再犯什麼大過錯了。」

二、論語中固有因古語而爲說者

捫蝨新話：

「論語自有章句，而說者亂之。論語中固有因古語而爲說者：如：祭如在，祭神如神在。此兩句正是古語，其曰：子曰：吾不與祭，如不祭云者。乃孔子因此語有所感發，故爲是說也。以類求之：唐棣之華，偏其反而，豈不爾思，室是遠而。子曰：未之思也，夫何遠之有？不恒其德，或承之羞。子曰：不占而已矣。色斯舉矣，翔而後集。曰：山梁雌雉，時哉時哉。微子去之，箕子爲之奴，比干諫而死。孔子曰：殷有三仁焉。凡此類，皆因上句而立說，則上句乃亦古語耳，弟子因而併記之。」

「論語中固有因古語而爲說者」，可以說是天經地義的事情，「孔子因古語而有所感發」，尤屬人情之常，研究論語章句訓詁的人，必得先要有這種認識，否則動輒以「上下必有闕文」搪塞，則「明月之珠」，將永遠「沉於大澤」，（註五）殆可斷言。

三、聖人之意，或不盡於言，亦不外於言也。不盡於言，而執其言以求之，宜其失之不及也；不外乎言，而離其言以求之，宜其傷於太過也。

「不盡於言，而執其言以求之，宜其失之不及也。」可以顏淵篇，子曰：「片言可以折獄者，其

由也與。」章爲代表

這章書，各家說解，皆以爲夫子褒獎子路。

歐陽詹辯而闢之：

『孔子說季路於人曰：「片言折獄者，其由也歟。」夫子之言，蓋有激於季路之云也。後之人不窮聖旨，以爲夫子美夫季路，任一時之見而輕折獄者有若是焉。迂哉斯人也。夫兩訟之爲獄，獄折而有刑，刑者侀也，侀者成也，一成而不可變，不其重歟？古之帝王，將刑一人，脩三槐，歷九棘，訊群臣，訊群吏，訊萬人，億兆絕議，然後治法。徇於朝，示於野，昭然於衆，方同棄之，示不易也。君莫聖於堯，加有舜、禹、稷、契佐之；莫明於舜，而有夔龍縉雲高陽佐之；莫哲於禹，莫賢於湯，莫察於文武，莫智於成康。於時皆濟濟盈朝，明明在位，豈無獨見，而可臆斷？愼刑之道如斯，不敢失明，刑獄不可輕也。凡至獄訟，多在小人；至於訟也，皆欲己勝，何則？不勝乃罪戾隨之。若然，則君子時或妄訟於人，未有小人而能自訟者。片之爲言偏也。偏言，一家之詞也。偏詞，雖君子不信之，矧非君子乎？且先師曰：「人而無恒，不可以作巫醫，善夫。」巫以鬼神占良，醫以筋脈占體，無恒之人，筋脈且不足以自體，而況訟乎？鬼神不足以爲占，而況視聽乎？以斯折獄也，小則肌膚必有扑抶之濫焉，大卽性命必有鈇鑕之寃焉。夫子祖述堯舜，憲章文武，師老聃之誨以崇周公之六人者，無一以傷於人者，夫子豈輕傷人哉？說夫子實謂片言可以折獄者，不幾乎一言可以喪邦歟？夫子之言，非苟然者。審之，片言不可以折獄，必然之理也。』

「不外乎言，而離其言以求之，宜其傷於太過也。」陽貨篇、公山弗擾、佛肸兩章，則是曲型的例子：

這兩章書，宋儒所爲說解，一則曰：天下無不可有爲之人，亦無不可改過之人。再則曰：體用不偏，道並行而不相悖。三則曰：君子守身之常法，聖人體道之大權。四則曰：以聖人觀聖人。五則曰：無不可爲之時，亦無不可爲之事、無不可敎之人。誠所謂：「聖人自不可測」者矣。然則違道叛逆，人人皆曰可殺之亂臣賊子，而竟亦有可以召孔子，孔子且欣然欲往之理，實難逃強詞奪理、傷敎害義之譏。苟聖人之心不度義如是，則「孔子成春秋而亂臣賊子懼」，又何說之詞？「世衰道微，邪說暴行有作；臣弒其君者有之，子弒其父者有之，孔子懼，作春秋。」又何說之詞？今春秋大義，炳如日星，而討亂臣賊子之明文，反茫昧不明者，淫詞蔽之也。王若虛謂：「宋儒之議論，不爲無功，而亦不能無罪焉。」今觀宋儒公山、佛肸二章所爲說解，將以尊聖人而不免反累名，亦豈爲無罪也哉？

由此可知：「揆以人情而約之中道」，始能得「聖人之意。」

貳、治孟子條例

一、孟子每段自有一二句綱領，其後只自解此一二句。（註六）

這是孟子文章的最大特色，治孟子者必須牢牢掌握住這一點，否則便會「泥於文而不知其意。」以萬章篇、「孔子集三聖之大成」章爲例：

孟子曰：「伯夷目不視惡色，耳不聽惡聲。非其君不事，非其民不使。治則進，亂則退。横政之所出，横民之所止，不忍居也。思與鄉人處，如以朝衣朝冠，坐於塗炭也。當紂之時，居北海之濱，以待天下之清也。故聞伯夷之風者，頑夫廉，懦夫有立志。」

伊尹曰：「何事非君？何使非民？」治亦進，亂亦進，曰：「天之生斯民也，使先知覺後知，使先覺覺後覺。予，天民之先覺者也，予將以此道覺此民也。」思天下之民，匹夫匹婦，有不與被堯舜之澤者，若己推而內之溝中。其自任以天下之重也。

『柳下惠不羞汙君，不辭小官。進不隱賢，必以其道。遺佚而不怨，阨窮而不憫。與鄉人處，由由然不忍去也。「爾爲爾，我爲我，雖袒裼裸裎於我側，爾焉能浼我哉」？故聞柳下惠之風者，鄙夫寬，薄夫敦。』

孔子之去齊，接淅而行；去魯，曰：「遲遲吾行也！」去父母國之道也。可以速而速，可以久而久，可以處而處，可以仕而仕，孔子也。

孟子曰：「伯夷，聖之清者也。伊尹，聖之任者也。柳下惠，聖之和者也。孔子，聖之時者也。孔子之謂集大成。集大成也者，金聲而玉振之也。金聲也者，始條理也。玉振之也者，終條理也。始條理者，智之事也。終條理者，聖之事也。智，譬則巧也。聖，譬則力也。由射於百步之外也；其至，爾力也，其中，非爾力也。」

這章書中的：「伯夷，聖之淸者也。伊尹，聖之任者也。柳下惠，聖之和者也。孔子，聖之時者也。孔子之謂集大成。」以上這「一二句」，便是全章書的「綱領」，其餘的「只自解此一二句。」孟子書中的文理，率皆如此。

王荆公卽因不明此理，致所爲說解，見譏於蘇子由。

王荆公曰：

「伊尹之後，士多進而寡退，故伯夷出而矯之；伯夷之後，士多退而寡進，故柳下惠出而矯之。三人者皆因時之偏而救之，非天下之中道也，故不免有弊。至孔子之時，三聖之弊，極於天下矣；故孔子出而後，聖人之道大全而無一偏之患。」

蘇子由獨以爲不然，曰：

『孔子嘗言此三人矣；或謂之仁人，或謂之賢人，未聞以聖人而許之者。其敍逸民，則曰：我則異於是，無可無不可。」夫人而不能「無可，無不可。」尙足以爲聖人乎？且三代之風，今世不得見矣。春秋之世，士方以功利爲急，孰謂其多退而寡進，而有伯夷之弊？此皆妄意聖人耳。』

陳善以爲蘇子由之說，足以正荆公之失，而未盡孟子之意：

『孟子曰：「伯夷，聖之淸者也。伊尹，聖之任者也。柳下惠，聖之和者也。」此假義設辭也。蓋孟子謂任與淸與和此三者，士君子爲行之大槪也。士君子之行未至於聖人，則必有所偏，偏則此三者必居其一矣。夫以天下庸庸之人，多因乎流俗而不能自立也。士君子於此三者，苟得其一，則亦可以自見於世，故假此三人者，以顯其義，然而不免有所偏，非全德也。故復假孔子以終其說，曰：孔子，聖之時者也。以爲士君子必如孔子，然後謂之全德；否則獨行一介之士而已。此孟子願學之意也。又安有矯弊之說？彼孟子又豈以三子爲足與孔子並而稱聖乎？』（註七）

「條例」之可貴，在使人不致誤入歧途而不自知。以王荊公不世出之大才，解區區「孔子集三聖之大成」章，而竟爲如此離題的說解，足徵「條例」之必不可無。只要懂得「孟子每段自有一二句綱領，其後只自解此一二句」的道理，則這章書只消反復讀它兩三遍，即不假訓詁，亦可文意瞭然了。

二、讀孟子、非惟看他義理，熟讀之後，便曉作文之法。

朱子說：

「讀孟子，非惟看他義理，熟讀之後，便曉作文之法。首尾照應，血脈通貫，語意反覆，明白峻潔，無一字閒。人若能如此作文，便是第一等文章。」

孟子的文章，不僅文采華贍，清暢流利，尤以「氣」勝：

蘇洵說：

「孟子語約而意盡，不爲劖刻斬絕之言，而其鋒不可犯。」

在立論行文時，由於注重文章的氣勢，以增加文章的力量。因此，處處顯得波瀾壯濶，詞鋒犀利，氣勢縱橫，咄咄逼人，成爲後世論辯文的典範。

蘇轍也說：

『孟子曰：「我善養吾浩然之氣。」今觀其文章，寬厚弘博，充乎天地之間，稱其氣之大小。……其氣充乎其中，而溢乎其貌，動乎其言，而見乎其文而不自知也。』

捫蝨新話曾舉二例作具體說明，治孟子學者，不可不注意及此：

『文章鋪敘事理，要須往復上下，宛轉鉤貫，令人一讀終篇，不可間斷，乃爲盡善。蓋自六經、論語之外，惟孟子最爲巧妙，今錄二章於此，可見其法如是。

萬章上：

「萬章曰：堯以天下與舜，有諸？孟子曰：否。天子不能以天下與人。然則舜有天下也，孰與之？曰：天與之。天與之者，諄諄然命之乎？曰：否。天不言，以行與事示之而已矣。曰：以行與事示之者如之何？曰：天子能薦人於天，不能使天與之天下。諸侯能薦人於天子，不能使天子與之諸侯。大夫能薦人於諸侯，不能使諸侯與之大夫。昔者堯薦舜於天而天受之。暴之於民而民受之。故曰：天不言，以行與事示之而已矣。曰：敢問薦之於天而天受之，暴之於民而民受之，如何？曰：使之主祭而百神享之，是天受之。使之主事而事治，百姓安之，是民受之也。天與之，人與之，故曰：天子不能以天下與人。舜相堯，二十有八載，非人之所能爲也。天也。堯崩，三年之喪畢，舜避堯之子於南河之南，天下諸侯朝覲者，不之堯之子而之舜；訟獄者，不之堯之子而之舜；謳歌者，不謳歌堯之子而謳歌舜。故曰：天也。夫然後之中國，踐天子位焉，而居堯之宮。逼堯之子是簒也，非天與也。泰誓曰：天視自我民視，天聽自我民聽。此之謂也。」

吾謂此一章似長江巨浸，瀰漫無際，而渾浩回轉，不可名狀。

又如：

「萬章問曰：百里奚自鬻於秦養牲者，五羊之皮，食牛，以要秦穆公，信乎？孟子曰：否。不然，好事者爲之也。百里奚，虞人也。晉人以垂棘之璧，與屈產之乘，假道於虞以伐虢。宮之奇諫，百里奚不諫。知虞公之不可諫而去之秦，年已七十矣。曾不知以食牛干秦穆公之謂汙也，可謂智乎？不可諫而不諫，可謂不智乎？知虞公之將亡而先去之，不可謂不智也。時舉於秦，知穆公之可與有行也而相之，可謂不智乎？相秦而顯其君於天下，可傳於後世，不賢而能之乎？自鬻以成其君，鄉黨自好者不爲，而謂賢者爲之乎？」

吾謂此一章似布泉懸水，下注萬仞，怒沫狂瀾，乍起乍伏，澒洞洶湧，而觀者竦然。

蓋此二章，文字曲折萬變，而首尾渾成，理致詳盡如此，此孟子之妙處，而學者不論。予故表而出之，恐亦後學者之所宜聞也耶。』

三、孟子之書，大抵推明論語之意，故學論語者，必自孟子始。（註八）

史記謂孟子：

「退而與萬章之徒，序詩、書，述仲尼之意，作孟子七篇。」

施德操曰：

「堯舜之道，自孔子傳之曾子，曾子傳之子思，子思傳之孟子，孟子得其傳，然後孔子之道益尊。」

王應麟曰：

「孟子羽翼孔氏，七篇垂訓，法嚴義精。」

薛瑄曰：

「孟子七篇，乃洙泗之正傳。」

綜上可知，孟子乃孔子之傳人；論、孟二書，差別只在：「孔子言其略，孟子言其詳。」而已，（註九）學論語者所以「必自孟子始」，其故在此。

以詩爲例：

『雅言之教，以詩爲首。舉其數曰三百，揭其要曰：「思無邪。」備其功用曰：「興、觀、群、怨，事父、事君，多識鳥獸草木。」』孟子以命世亞聖之大才，繼志述事，踵事增華，故所論讀詩法，多孔子之所未發：（註一〇）

郝敬曰：

「詩三百，古序其來已舊，後儒以辭害志，如咸邱蒙、高叟之輩，孟子教之：不以文害辭，不以辭害志，以意逆志。此千古學詩心法。孟子與賜，商言詩意正同，然則知詩未有如孟子者矣。」

賜、商言詩，實爲「比、興說詩之嚆矢」，今參以孟子說詩之法，益知所謂「孟子言其詳」之理矣。

萬章篇：

咸丘蒙曰：………詩云：「普天之下，莫非王土；率土之濱，莫非王臣。」而舜既爲天子矣，敢問瞽瞍之非臣，如何？曰：是詩也，非是之謂也，勞於王事而不得養父母也。曰：此莫非王事，我獨賢勞也。故說詩者，不以文害辭，不以辭害志，以意逆志，是爲得之。如以辭而已矣，雲漢之詩曰：「周餘黎民，靡有孑遺。」信斯言也，是周無遺民也。

可見「以意逆志」，確爲千古學詩心法。詩多夸飾形容之語，如拘執於文詞，則不惟雲漢之詩不可解，即三百篇亦舉皆不可解矣。

究其實，則「以意逆志」，即「以比興說詩」之意也。「詩之爲比興者，其寄情或深於賦。」（註一二）此由「興、比皆喩而體不同」，其「稱名也小，取類也大。」此理不明，拘執文詞，即無以會其言外意。咸丘蒙所以不知：北山之詩，乃「勞於王事，而不得養父母也」；雲漢之詩，是「作詩者之志在於憂旱，而非眞無遺民也。」即因不明此理所致。

要之，孟子所論讀詩之法，其要不外二端：

一曰誦其詩、不知其人，可乎？是以論其世。一曰說詩者，不以文害辭，不以辭害志，以意逆志，是爲得之。

此皆孔子之所未發，然其綱已見於論語學而篇及八佾篇，賜、商言詩章矣。所謂「孟子之書，大抵推明論語之意。」類皆如此。

筆者所以戮力從事：「論、孟章句辨正及精義發微」，是深有感於唐子西評陶弘景答客問的一段話：

客有問陶弘景，註易與本草孰先？

陶曰：「註易誤，不至殺人；註本草誤，則有不得其死者。」世以爲知言。

唐子西嘗曰：

「弘景知本草而未知經。註本草誤，其禍疾而小；註六經誤，其禍遲而大。前世儒臣，引經誤國，其禍至於伏屍百萬，流血千里。」

「註六經誤，其禍遲而大。」吾人應三復斯言。

【附　註】

註　一　陳士元曰：趙氏（岐）謂孟子七篇二百六十一章，今七篇二百六十章；趙謂三萬四千六百八十五字，今實有三萬五千四百一十字，較趙說多七百二十五字。詳考趙注孟子文與今本不差，趙蓋誤算也。

註　二　張晏曰：「春秋萬八千字。」李仁甫曰：「細數之，尙減一千四百二十八字。」李說與王氏學林云：萬六千五百餘字合。

方岳曰：「六經四十三萬字。」方氏蓋合三禮三傳爲說也。

註　三　見荀子、勸學篇。

註　四　見錢穆先生：「論十翼非孔子作」一文。

註　五　黃宗羲說：四子之義，因成說在前，此亦一述朱，彼亦一述朱，故其精義，猶如明月之珠，尚沉於大澤。以後儒之說，皆未能折衷群言，開發新義故也。

註　六　陳文蔚說。

註　七　見捫蝨新話。

註　八　見林之奇、孟子講義自序。

註　九　徐積說。

註一〇　「雅言之敎」一段，見陸奎勳、詩學總論。

註一一　見葉向高、六家詩名物疏序。

論語之部

一、引　言

黃宗羲說：「天下之最難知者，一人索之而弗獲，千萬人索之而無弗獲矣；天下之最難致者，一時窮之而未盡，千百年窮之而無不盡矣。四子之義，平易近人，非難知難盡也；學其學者詎止千萬人、千百年，而明月之珠，尙沉於大澤，旣不能當身理會，求其着落；又不能屛去傳注，獨取遺經，精思其故。成說在前，此亦一述朱，彼亦一述朱，宜其學者之愈多而愈晦也。」

今日硏治中國古籍而與黃宗羲有同樣感慨的，何止千萬人？又何止四子書而已？舉凡詩、書、易、禮、春秋，任何一部重要典籍，都已被重重叠叠的註疏的瓦礫，把牠的眞相給掩蓋住了。而自元仁宗皇慶二年，規定科舉考朱熹四書集注以後，明清兩朝，因仍其制，朱子的四書集注更成爲士子必讀之書，注文權威，幾等於經。此後，四書的硏究，遂演變成「此亦一述朱，彼亦一述朱」的局面，成說在前，難以突破。

當然，朱子的四書集注，「精核爲諸家最」是毫疑問的。但要說全無推求失旨之病，却也未必盡然。以下便是包含朱注在內皆不得其意而强爲之說的幾章，特爲提出討論，俾就正於博雅君子。

二、「思無邪」章、章解

子曰：詩三百，一言以蔽之，曰：思無邪。（爲政篇）

朱注：蔽猶蓋也。凡詩之言善者，可以感發人之善心，惡者可以懲創人之逸志，其用歸於使人得其情性之正而已。然其言微婉，且或各因一事而發，求其直指全體，則未有若此之明且盡者；故夫子言詩三百篇，而惟此一言足以盡其義，蓋其示人之意亦深切矣。

許孚遠曰：

「朱注善者可以感發人之善心，惡者可以懲創人之逸志，彼惡者旣思邪矣，讀詩者卽有意於懲創，安得遽謂之無邪思耶？且以思無邪一言而屬望讀詩之人，又安可謂此足蔽三百篇義也？」

尤侗曰：

「詩三百，以思無邪蔽之，安有盡收淫詞之理？卽詩有美刺，以爲刺淫可矣，不應取淫人自作之詩也。鄭伯如晉，子展賦將仲子；鄭伯享趙孟子，太叔賦野有蔓草；六卿餞韓宣子，子蓋賦野有蔓草，子太叔賦褰裳，子游賦風雨，子旗賦有女同車，子柳賦籜兮，此六詩者，皆朱子之所爲淫奔之辭也。

然叔向趙武韓起莫不善之，以鄭人稱鄭詩，豈自暴其醜乎？近高忠憲講學東林，有執木瓜詩問難者，謂投我以木瓜，報之以瓊琚。其中並無男女字，何以知其爲淫奔？坐皆默然。惟蕭山來風季曰：卽有男女字，亦何必淫奔？張衡四愁詩：美人贈我金錯刀，何以報之英瓊瑤。明明有美人字，然不爲淫奔也。言未既，有拂然而起者曰：美人固通稱，若彼狡童兮，得不以爲淫奔否？曰：亦何必淫奔？子不讀箕子麥秀歌乎？麥秀漸漸兮，禾黍油油兮；彼狡童兮，不與我好兮。箕子所謂受辛也。受辛、君也。而狡童之誰？曰：狡童、淫者也。忠憲遽起，揖曰：先生言是也。吾不知朱子聞之以爲何如？」

方回、詩可言集序曰：

「文公、成公，於思無邪各爲一說，前輩謂之未了公案。詩三百，一言以蔽之，曰：思無邪。自古及今，皆謂作詩者思無邪，文公獨不謂然。論語集注，謂凡詩之言善者可以感發人之善心，惡者可以懲創人之逸志。觀此固已爲詩之言有善有惡，作詩之人，不皆思無邪矣。猶未也，文集第七十卷讀東萊詩記，乃有云：孔子之稱思無邪也，以爲詩三百篇，勸善懲惡，雖其歸無不出於正，然未有若此言之約而盡者爾，非以作詩之人所思皆無邪也。今考東萊所說，見桑中詩後，謂詩人以無邪之思作之，學者當以無邪之思讀之。文公則辨之曰：彼雖以有邪之思作之，而我以無邪之思讀之。二公之說，不同如此。」

文公、成公對「思無邪」一語的說解，所以會有這種截然不同的看法，我想，蘇轍論詩序的一段話，可以作最好的說明：

「孔子之序書也，舉其所爲作書之故；其贊易也，發其可以推易之端，未嘗詳言之也。非不能詳，以爲詳之則隘。是以常舉其略，以待學者自推之，故其言曰：仁者見之謂之仁，知者見之謂之知。夫惟不詳，故學者有以推而自得之。」

孔子是否有序書、贊易之事，可以置諸不論。但「自朱子專主去序言詩，而鄭衞之風皆指爲淫奔之作，數傳而魯齋王氏遂删去其三十二篇，且於二南删去野有死麕一篇，而退何彼穠矣、甘棠於王風。夫以孔子之所不敢删者，魯齋毅然削之；孔子之所不敢變易者，魯齋毅然移之，噫，亦甚矣。世之儒者，以其淵源出於朱子而不敢議，則亦無是非之心者也。」（註一）此可見淫詩說影響的深遠。

皮錫瑞說：「朱傳之失，在以理解詩，不得詩人之旨。黃震謂晦菴先生盡去美刺，探求古始，雖東萊先生不能無疑。陳傅良謂竊所未安，是朱傳在當時人已疑之。」

姚際恆說：「夫子之言曰：詩三百，一言以蔽之，曰、思無邪。如謂淫詩，則思之邪甚矣，曷爲以此一言蔽之耶？蓋其時間有淫風，詩人舉其事與其言以爲刺，此正思無邪之確證。何也？淫者邪也，惡而刺之，思無邪矣。今尚以爲淫詩，得無大背聖人之訓乎？」

今稱情而論：

「有善有惡，詩詞固爾。作者之志，非美善則刺惡，何邪之有？故均一淫佚之辭也，書奔者之思則邪，書刺奔者之思則正。」（註二）「即詩有美刺，以爲刺淫可矣。」詩三百篇均應作如是觀，方稱允當。

周紫芝的說解，以「思無邪」爲「思於無邪，則誠之至也。」言簡意賅，信爲「思無邪」一語之確詁。

其說云：

「孔子曰：詩三百，一言以蔽之，曰、思無邪。蓋誠者天之道，思誠者人之道，思於無邪，則誠之至也。非誠之至，則亦何能正得失、動天地、感鬼神，如影響之捷。故曰：惟孔子能知詩之道也。」

以白話說解這章書，便是：

孔子說：詩經三百篇，可以用一句話來概括，那就是說，必須以至誠之心去揣摩，方能得着它的旨趣所在。

註 一：朱彝尊說。見經義考，卷一百十。

註 二：顧起元說。見呂氏家塾讀詩記序。

三、「孝乎惟孝」句解

爲政篇

或謂孔子曰：「子奚不爲政？」子曰：『書云：「孝乎惟孝，友于兄弟。」施於有政，是亦爲政。

奚其爲爲政？』

此章引書部分，斷句問題，必須加以辨正。

集注：書，周書君陳篇。書云孝乎者，言書之言孝如此也。善兄弟曰友。書言君陳能孝於親，友於兄弟，又能推廣此心，以爲一家之政，孔子引之。言如此，則是亦爲政矣，何必居位，乃爲爲政乎？蓋孔子之不仕，有難以語或人者，故託此以告之，要之，至理亦不外是。

朱子曰：惟孝友于兄弟，謂孝然後友，友然後政，其序如此。能推廣此心，以爲一家之政，便是齊家。緣下面有一個是亦爲政，故不是國政。

又曰：在我者孝，則人皆知孝；在我者弟，則人皆知弟，其政豈不行於一家。

又曰：政、一家之事也。故不止是使之孝友耳，然孝友爲之本也。

據上可知朱子以「書云孝乎」爲句，「惟孝友于兄弟」爲句，如此斷句，似欠斟酌。

蔣伯潛曰：

朱注據僞古文尚書君陳篇：「惟孝友于兄弟，克施有政」，以爲「孝乎」二字當連上讀，故曰：「書云孝乎」者，言書之言孝如此也。「惟孝以下十字，乃引書語。按古文尚書爲東晉梅賾所獻，乃王肅之僞書，不足據。後漢書郅惲傳、鄭敬云：雖不從政，施之有政，是亦爲政。」則孝乎爲孝，友于兄弟。」二語乃逸書之文；「施於有政」之下，爲孔子語。「孝乎惟孝者，是贊孝之詞，其句法與禮記之「禮乎禮」，素問之「形乎形，神乎神」同。「友于兄弟」者，兄友而弟弟也。孝弟所以齊家，推之治國，則孝者所以事君，弟者所以事長，（見大學）「施」者，推而行之之謂。孔子不仕，以孝弟教人。孝弟施於有政，是亦爲政矣，何必以居位爲「爲政」呢？（註一）

錢穆先生亦同蔣說，以「孝乎惟孝」爲句，且以爲係逸書之文：

『論語引書凡三：曰：「孝乎惟孝，友于兄弟。」（爲政）曰：「武王曰：予有亂臣十人。」（泰伯）曰：「高宗諒陰，三年不言。」（憲問）均不在今文二十八篇中。』（註二）

倪新安曰：書言孝友，而起語獨言孝者，友乃孝之推，孝可包友也。

考何晏集解引包咸說，亦作：孝乎惟孝，美大孝之辭。友于兄弟、善於兄弟。施、行也。所行有政道，與爲政同。

則此章引書部分，自應以「孝乎惟孝」斷句無疑，以「起語獨言孝，而孝可包友」也。「孝乎惟孝」者，贊孝之詞也。

註一：見蔣伯潛著廣解四書，爲政篇。

註二：見錢穆先生著國學概論，第一章，孔子與六經。

四、「關雎樂而不淫，哀而不傷」章、章解

論語、八佾篇

子曰：關雎樂而不淫，哀而不傷。

皮錫瑞說：「稱關雎以哀樂並言，自來莫得其解。」

皮氏指出：

「毛序衍其說曰：是以關雎樂得淑女，以配君子，憂在進賢，不淫其色；哀窈窕、思賢才，而無傷善之心焉。其解哀樂二字，殊非孔子之旨。自宋程大昌以後多疑之，謂與夫子之語，全不相似，當爲衞宏所續，不出毛公。鄭箋知其不可通也，乃云哀當爲衷字之誤也，然衷窈窕仍不可通，且孔子明言哀而改爲衷，與孔子言哀不合。朱注論語：求之未得，則宜其有寤寐反側之憂；求而得之，則宜其有琴瑟鐘鼓之樂。孔子言哀不言憂，朱以哀字太重而改爲憂，亦與孔子言哀不合。近儒劉台拱論語駢枝，謂兼關雎之三而言之。關雎、葛覃，樂而不淫；卷耳，哀而不傷。引卷耳詩維以不永傷爲據。魏源駮之曰：夫反側憂勞，豈得謂專樂無哀，既哀矣，可不紬其所哀何事乎？文王化行二南之日，太姒歸周已數十年，而猶求之不得，寤寐綢繆何爲乎？若謂后妃求賢，則以文王之聖，又得太姒之助，卽未更得賢嬪，豈遂反側堪哀，且哀而恐至於傷乎？岐周國盡於渭地，不至河，而云在河之洲，明爲陝以東之風，非周國所采，而謂作於宮人女史，其可通乎？關雎、房中之樂，后夫人侍御於君，女史歌之以節義序，豈惟有頌美無諷諭乎？」

皮氏以爲：

「魏氏駁劉，知關雎爲諷諭，又以河洲非屬岐周，正可爲關雎非指文王太姒之證，而猶必以文王太姒爲說，故仍不得其解。」

於是皮氏給關雎詩作了解題，他說：

「竊嘗以意解之，關雎一詩，實爲陳古刺今，樂而不淫，屬陳古言。韓詩外傳云：人君退朝，入於私宮，后妃御見，去留有度，此之謂樂而不淫。哀而不傷，屬刺今言。班固離騷序：關雎哀周道而不傷。馮衍顯志賦：美關雎之識微兮，愍周道之將崩。哀卽哀王道，愍周道之義。不傷謂婉而多諷，不傷激切，此之謂哀而不傷。班氏於哀而不傷中加王道二字，義極明晰。樂而不淫，關雎詩之義也，可見人君遠色之正；哀而不傷，作關雎詩之義也，可見大臣託諷之深。二義本不相蒙，後人併爲一談，又必專屬文王太姒而言，以致處處窒礙。」

我們讀關雎本文，通篇只言男女關係，則皮錫瑞如此費盡氣力、引經據典的說解，可以斷言亦絕非孔子之旨。

其實論語這章書，所以「自來莫得其解」，是因爲孔子時代的詩經，與漢朝時代的詩經，性質與面貌根本不同的關係，弄不清這一層關係，那麼解這章書便永遠無法得「孔子之旨」了。

何定生先生說：

「孔子言詩，只用來教言。所以孔子第一句提醒伯魚的話是：不學詩，無以言。教弟子的時候，他也強調：誦詩三百，授之以政，不達，使於四方，不能專對，雖多，亦奚以爲。一則曰言，再則曰專對，這就是言教宗旨最鮮明的告白。故孔門言語設科，也可證其必爲學詩的專門功課，同時也足見其出於環境的要求。那時作大夫所最需要的，就是專對的能力；而這個能力之必借助於『詩』，也正是春秋時代列國交際風氣的特色。那時交際場合用詩的方式，最能發揮言教特徵的，無過於賦詩的風氣；其次就是通常言語上的引詩。這種教導，除了『專對』的訓練之外，和三百篇的本義是毫無關係的。」

漢儒則以三百五篇當諫書；齊魯韓三家是把詩經作三百諫書看，而毛詩則是把諫書思想建築在夫婦、父子、君臣、朝廷、王化的系統上。（註一）詩經便從此面目全非，完全變了質，以開卷第一篇的關雎爲例，明明是一首求愛詩，胡適說：

「好多人說關睢是新婚詩，亦不對。關睢完全是一首求愛詩，他求之不得，便寤寐思服，輾轉反側，這是描寫他的想思苦情；他用了種種勾引女子的手段，友以琴瑟，樂以鐘鼓，這完全是初民時代的社會風俗，並沒有什麽稀奇。意大利西班牙有幾個地方，至今男子在女子的窗下彈琴唱歌，取歡於女子。至今中國的苗民，還保存這種風俗」。（註二）

而魯齊韓毛四家對關睢的解釋，雖有美刺和觀點的不同，但都針對漢代帝王的實際生活發揮，出於有意的「諫書」思想則是一致的。故明知其解釋常非詩文原意，而仍必附會以曲解之：

毛詩序云：關睢、后妃之德也，風之始也，所以風天下而正夫婦也。故用之鄉人焉，用之邦國焉。

毛傳釋首二句云：「后妃說樂君子之德無不和諧，又不淫其色，愼固幽深，若睢鳩之有別焉，然後可以風化天下：夫婦有別則父子親，父子親，則君臣敬，君臣敬，則朝廷正，朝廷正，則王化成。」

序若果出衞宏，必本之毛傳。但無論如何，這是漢人的思想。所謂「后妃之德」，也卽毛傳「夫婦有別」以下一思想體系的綜合解釋。但詩中的「淑女」何以必爲「后妃」，那自是「諫書」思想的當然要求，詩經既立於學官，第一個學生當然是漢朝皇帝，關睢的「淑女」若不是「后妃」，將如何發揮「諫書」的最大作用呢？何況「君子」一詞，原又有國君之義呢？

魯詩是着眼在「壽夭」。故漢書杜欽傳云：「后妃之制，壽夭、治亂、存亡之端也。是以佩玉晏鳴，關睢歎之，知好色之伐性短年，離制度之生無厭，天下將蒙化，陵夷而成俗也。」別的都是假話，惟「好色之伐性短年」，才是對帝王一個最有力的警告。所以司馬遷也說：「周道缺，詩人本之衽席，關睢作。」

齊詩似乎着重在制度，故春秋緯云：「人主不正，應門失守，故歌關睢以感之。」

韓詩說在「儀容」。故薛君章句云：「人君退朝，入於私宮，后妃御見，去留有度；應門擊柝，鼓人上堂。今時大人，內傾於色，賢人見其萌，故詠關睢說淑女正儀容以刺時。」後漢書明帝紀也說：「應門失守，關睢刺世。」

所以然者，何定生先生以爲：

> 這正是詩經義理解釋的宿命地位。要不然——關睢若僅僅以一首戀詩的面目來備置於詩經博士的職掌中，試問這事將對漢廷立詩經博士的本意作何交代？何況又是第一首國風？」（註三）

孔子時代的詩經，原不發至「解釋」的要求，後人以肇自漢儒本於義理思想所作的詩經解題，來解釋論語上孔子所說的話，便顯得格格不入，處處窒礙了。

鄭樵說：

「關雎言后妃便無義。三代之後，天子之耦曰皇后，太子之耦曰妃，奈何合後世二人之號而以爲古之一人也？」

又說：

「緣漢人立學官，講詩專以義理相是，致衞宏序詩，以樂爲樂得淑女之樂，淫爲不淫其色之淫；哀爲哀窈窕之哀，傷爲無傷善之傷。如此說關雎，則洋洋盈耳之旨安在乎？」

豈僅是「洋洋盈耳之旨安在乎」而已，即以文理相繩，毛序這幾句話便不通之至。後人從事古籍解題的工作，每當碰到自己沒有心得的問題時，往往便祭出「漢儒去古未遠，其說必有所據」的話來自欺欺人，此一心態，我們期期以爲不可。程大昌說：

「三代以下，儒者孰不談經，而獨尊信漢說者，意其近古，或有所本也。若夫古語之可以證經者，遠在六經未作之前，而經文之在古簡者，親預聖人援證之數，則其審的可據，豈不愈於或有師承者哉？而世人苟循習傳之舊，無能以其所當據而格其所不當據，是敢於違背古聖人，而不敢於是正漢儒也。」

就詩經而論，看了何定生先生鞭辟入裏的剖析以後，我們應該恍然大悟漢儒「所據爲何」了。今天我們如果不想弄清孔子的話則已，否則的話，便非先把一切壓蓋在詩經上面的重重疊疊的註疏的瓦礫爬掃開來而另起爐灶不可。（註四）在這個觀點上來看關雎詩：

如以樂說詩，則鄭樵說關雎最得古意：

「關雎樂而不淫，哀而不傷。此言其聲之和也。人情聞歌則感：樂者聞歌則感而爲淫；哀者聞歌則感而爲傷。關雎之聲和而平，樂者聞之而樂，其樂不至於淫；哀者聞之而哀，其哀不至於傷，此關雎所以爲美也。」

如就詩意而論，則以崔述的說解最得其實：

「細玩此篇，乃君子自求良配，而他人代寫其哀樂之情耳。蓋先儒誤以夫婦之情爲私，是以曲爲之解，不知情之所發，五倫爲最。五倫始於夫婦，故十五國風中，男女夫婦之言尤多。其好德者則爲貞，好色者則爲淫耳。非夫婦之情卽爲淫也。魏文侯曰：「家貧則思良妻，國亂則思良相。上承宗廟，下啟子孫，如之何其可以苟？如之何其可以不愼重以求之也？」知好色之非義，遂以夫婦之情爲諱，並德亦不敢好，過矣。關雎，三百篇之首，故先取一好德思賢篤於伉儷者冠之，以爲天下後世夫婦用情者之準。不可謂夫之於婦，不當爲之憂爲之樂也。若夫婦不當爲之憂樂，則五倫中亦不當有夫婦矣。」

如以「託喩」說關雎，則崔述的見解，尤爲入情入理，令人擊節讚賞：

「關雎一篇，言夫婦也。卽移之於用人，亦無不可。何者？夫之欲得賢女爲婦，君之欲得賢士爲臣，一也。果賢女與，必深居簡出而不自炫耀。果賢士與，必安貧守分而不事干謁，非寤寐求之，不能得也。是以古之聖帝明王，咨於岳，稽於衆，或三聘於莘野，或三顧於草廬，與關雎之輾轉反側，何以異焉？然及其既得，則志同道合，恭己無爲，而庶績咸熙。所謂琴瑟友之，鐘鼓樂之者也。故曰：『勞於求賢，逸於得人』豈不信與？」

現在，我們可以理直氣壯的回答皮錫瑞所有的疑問了：

所謂「樂與哀屬何人說，則無以質言之」的問題，（註五）它的答案是：

胡樸安說：「關雎一詩，非爲文王而作，亦非爲康王而作；或亦民俗歌謠之餘，采詩者錄之，定爲房中之樂，用之鄉人，用之邦國。」所以

崔述直解爲：細玩此篇，乃君子自求良配，而他人代寫其哀樂之情耳。」

孔子「稱關雎以哀樂並言」的問題，它的答案是：

好德思賢篤於伉儷的君子求淑女，未得而寤寐思服。輾轉反側。此之謂哀而不傷。

已得而友以琴瑟，樂以鐘鼓。此之謂樂而不淫。

註一：見何定生先生詩經今論「漢儒對於詩經解釋的異同」章。

註二：何定生先生批評胡適的解題說：如說關雎完全是一首求愛的詩，這自然是可以的；但若想像着義大利、西班牙人到女子窗口彈吉他，來解釋「琴瑟友之」，或「鐘鼓樂之」爲我們「初民社會」的「吉士」勾引女子的手段，那恐怕便不免要跟「葛覃詩是寫女工人放假急忙要歸的情景」的說法一樣好笑了。（胡文於民十四年初次發表時原有葛覃一條的，後來於編入古史辨時才刪去。）

註三：此段參考何定生先生詩經今論「詩經的解釋問題發凡」章改寫。

註　四：鄭振鐸先生語。見鄭著「讀毛詩序」。

註　五：見皮錫瑞詩經通論「論魏源以關雎鹿鳴爲刺紂王臆說不可信三家初無此義」篇。

五、「夷狄之有君，不如諸夏之亡也」章、章解

八佾篇：

子曰：夷狄之有君，不如諸夏之亡也。

皇侃義疏：言夷狄雖有君主，而不及中國無君也。故孫綽曰：諸夏有時無君，道不都喪，夷狄強者爲師，理同禽獸也。釋惠琳曰：有君無禮，不如有禮無君也。

邢昺正義：言夷狄雖有君長，而無禮義；中國雖偶無君，若周召共和之年，而禮義不廢。

邢疏同皇義。至程子始謂：

「此孔子言當時天下大亂，無君之甚；若曰夷狄猶有君，不若是諸夏之無君也。」

朱子四書集註從之。

今本皇疏作：「周室既衰，諸侯放恣，禮樂征伐之權不復出自天子，反不如夷狄之國，尚有尊長統屬，不至如我國之無君也。」乃清四庫本爲滿州諱，取程朱之義而妄改耳。

眞德秀論語意原序稱：鄭汝諧以已意而逆聖人之志，蓋多得之於八佾篇；謂其傷權臣之僭竊，痛

名分之紊亂，大指與春秋相表裏。

今按：八佾篇實應作如是觀

六、「三歸」解

八佾篇：子曰：管仲之器小哉。或曰：管仲儉乎？曰：管氏有三歸，官事不攝，焉復儉？然則管仲知禮乎？曰：邦君樹塞門，管氏亦樹塞門；邦君爲兩君之好有反坫，管氏亦有反坫，管氏而知禮，孰不知禮？

何晏集解引包氏曰：三歸者，娶三姓女也。婦人謂嫁曰歸。

正義曰：禮，大夫雖有妾媵，嫡妻惟娶一姓，今管仲娶三姓之女，故曰有三歸。

說苑、善說篇：謂管氏築三歸之臺。

晏子春秋：謂係地名，桓公賞之以養老也。

仔細玩味這章書，將不難發現以上各家對「三歸」一詞說解的謬誤。孔子批評管仲，一則曰「器小」，再則曰「焉得儉」，三則曰「管氏而知禮，孰不知禮。」朱熹以爲：

「孔子譏管仲之器小，其旨深矣。或人不知而疑其儉，故斥其奢，以明其非儉；或又疑其知禮，故又斥其僭以明其不知禮，蓋雖不復明言器小之所以然，而其所以小者於此亦可見矣。故程子曰：奢而犯禮，其器之小可知，蓋器大則自知禮而無此失矣。此言當深味也。」

史記管晏列傳，說管仲「富擬於公室，有三歸反坫，齊人不以爲侈。」

由此可知「三歸」云者，指的是管仲以財富驕人，奢侈無度而至於越禮犯分，了無疑義。

俞樾的辯駁，明快透澈，對衆說紛紜的「三歸」一詞，當可收廓淸之功。他說：

「就婦人言之謂之歸，自管氏言之當謂之娶。乃諸書多言三歸，無言三娶者，且如其說，亦是不知禮之事，而非不儉之事，則其說非也。朱注據說苑，管仲築三歸之台以自傷於民，故以三歸爲台名。然管仲築台之事，不見於他書。戰國策、周策曰：『宋君奪民時以爲台，而民非之，無忠臣以掩蓋之也。子罕釋相爲司空，民非子罕而善其君。齊桓公宮中七市，女閭七百，國人非之。管仲故爲三歸之家，以掩桓公，非自傷於民也。』說苑所謂自傷於民者，疑卽本此，涉上文子罕事而誤爲築台耳。古事若此者往往有之，未足據也。然則三歸當作何解？韓非子外儲說篇曰：『管仲相齊，曰：臣貴矣，然而臣貧。桓公曰：使子有三歸之家。一曰管仲父出，朱蓋靑衣，置鼓而歸，庭有陳鼎，家有三歸。』韓非子先奉古書，足可依據。先云置鼓而歸，後云家有三歸，是所謂歸者，卽以管仲言，謂管仲自朝而歸，其家有三處也。家有三處，則鐘鼓帷帳，不移而具，從可知矣。故足見其奢。且美女之充下陳者，亦必三處如一，故足爲女閭七百分謗，而娶三姓之說，亦或從此出也。晏子春秋雜篇曰：昔吾先君桓公有管仲，恤勞齊國，身老，賞之以三歸，澤及子孫。是又以三歸爲桓公所賜，蓋猶漢世賜甲第一區之比，賞之以三歸，猶云賞之以甲第三區耳。故因晏子辭邑，而景公舉此事以止之也。其賞之在身老之後，則娶三姓女之說，可知其非矣。近人或因此謂三歸是邑名，則又不然；若是邑名，不得云使子有三歸之家，亦不得云家有三歸也。合諸書參之，三歸之義可見。下云官事不攝，亦即承此而言；管仲家有三處，一處有一處之官，不相兼攝，是謂官事不攝。但謂家臣具官，猶未見其奢矣。」

七、「知者樂水、仁者樂山」句解

雍也篇：

子曰：「知者樂水，仁者樂山；知者動，仁者靜；知者樂，仁與壽。」

邢昺疏：此章初明知，仁之性，次明知、仁之用，三明知、仁之功也。

何晏集解引包咸曰：知者樂運其才知以治世，如水流而不知已，仁者樂如山之安固，自然不動，而萬物生焉。

朱注：樂、喜好也。知者達於事理，而周流無滯，有似於水，故樂水。仁者安於義理，而厚重不遷，有似於山，故樂山。

輔慶源曰：知者通達，故周流委曲，隨事而應，各當其理，未嘗或滯於一隅，其理與氣，皆與水相似，故心所喜好者水。仁者安仁，故渾厚端重，外物不足以遷移之，其理與氣，皆與山相似，故心所喜好者山。

知者何以樂水？仁者何以樂山？諸家所言，皆不甚了了。韓詩外傳，闡發「知、仁之性」，所見有獨到處，遠非諸家所及：

樂水

問者曰：夫智者何以樂於水也？曰：夫水者緣理而行，不遺小間，似有智者；動而下之，似有禮者；蹈深不疑，似有勇者；障防而清，似知命者；歷險致遠，卒成不毀，似有德者。天地以成，群物以生，國家以寧，萬事以平，品物以正，此智者所以樂於水也。詩曰：思樂泮水，薄采其茆；魯侯戾止，在泮飲酒。樂水之謂也。

樂山

問者曰：夫仁者何以樂於山也？曰：夫山者萬民之所瞻仰也。草木生焉，萬物植焉，飛鳥集焉，走獸休焉，四方益取與焉。出雲道風，從乎天地之間，天地以成，國家以寧，此仁者所以樂於山也。詩曰：太山巖巖，魯邦所瞻。樂山之謂也。

八、加我數年，五十以學章、章解

論語、述而篇這章書，從來的斷句，便是：

子曰：加我數年，五十以學易，可以無大過矣。

由於斷句與說解的不當，因而滋生許多無稽的附會，且振振有詞，以這章書作爲孔子傳易的有力證據：

易、乾鑿度：「孔子占易，得旅，息志停讀，五十，究作十翼。」
田藝蘅留青日札云：此言「五十」，卽乾鑿度之「五十」也。是孔子以五十之年學易也。
何晏集解：易窮理盡性以至於命，年五十而知天命，以知命之年，讀至命之書，故可以無大過也。
皇侃疏：孔子爾時，年已四十五六，故云加我數年，五十而學易也。所以必五十而學易者，人年五十是知命之年也。易有大演之數五十，是窮理盡命之書，故五十而學易也。
正義曰：此章孔子言其學易年也。「加我數年」，方至五十。謂四十七時也。
日知錄：孔子論易，見於論語者，二章而已。曰：「加我數年，五十以學易，可以無大過矣。」「南人有言曰：人而無恆，不可以作巫醫。善乎！不恆其德，或承之羞。子曰：不占而已矣！」是則聖人之所以學易者，不過在庸言庸行之間，而不在乎圖書象數也。今之穿鑿圖象以自爲能者，畔也。記者於夫子學易之言而卽繼之曰：「子所雅言，詩書執禮，皆雅言也。」是知平日不言易，而其言詩書執禮者，皆言易也。」

孔子是否有傳易之事，錢穆先生辨之已詳，自無須多所辭費。本文僅就章句訓詁的觀點作探討：

這章書句中的「五十」，如果當「五十歲」解的話，則這章書的語氣，便完全桑榆晚景的味道，充滿了企盼能活到五十歲的嚮往之情。孔子是一個享年七十三高齡的人，如何竟在四十幾歲的壯盛之年，（加我數年，方至五十。）便發出來日無多的哀鳴？可見當「五十歲」解，無論如何「曲爲之說」，都是講不通的。司馬遷也許看出這個道理了，於是在史記孔子世家裏頭，改爲「孔子晚而喜易，序、彖、繫、象、說卦、文言。讀易，韋編三絕。曰：假我數年，若是，我於易則彬彬矣。」朱熹便根據史記作注，說：

「劉聘君見元城劉忠定公，自言嘗讀他論，加作假、五十作卒；蓋加，假聲相近而誤讀，卒與五十字相似而誤分也。愚按此章之言，史記作假我數年，若是我於易則彬彬矣。加正作假，而無五十字，蓋是時孔子年已幾七十矣，五十誤無疑也。學易則明乎吉凶消長之理，進退存亡之道，故可以無大過。蓋聖人深見易道之無窮，而言此以教人，使知其不可不學，而又不可以易而學也。」

這樣改字求通，鑿空立論，雖然巧妙地避開「五十」兩字說解不通的困擾，但仍無補於孔子實未嘗傳易這一事實。李鏡池說：

「史記那段文字之前，是歷敘孔子與詩書禮樂底交涉，所謂『刪詩書，定禮樂』者是也。在那段文字之後，說：

孔子以詩書禮樂教，弟子蓋三千焉。

這一句頗重要；第一，可見孔子沒有拿易來教人，說孔子以六經教弟子，恐怕西漢纔有這個說法。第二，『孔子晚而喜易』一段文字，插在這裏雖然可以，但與上下文沒有關連，竟成爲一節獨立的文字。故這段文字若不是錯簡，定是後人插入。」

何況史記自序，引繫辭稱易大傳，並不稱經，亦不以爲孔子語。（註一）足徵舊解之謬誤。

至於「五十以學易」的「易」字問題，錢穆先生說：

「五十以學易，古論作『易』，魯論作『亦』，連下讀。比觀文義，魯論爲勝。則孔子無五十學易之說也。顧氏（炎武）謂孔子平日不言易是矣，而曰其言詩書執禮皆言易，則不得其意而强說之也。」「古無六經之目，易不與詩、書、禮、樂同科，孔子實未嘗傳易。今十傳皆不出孔子，世家亦但言『孔子四十七，不仕，而修詩、書、禮、樂。』並不及易。而正義謂『言其學易之年』，明爲誤矣！世家又謂『孔子晚而喜易，序易傳。』蓋皆不足信。」

本田成之也說：

「魯論語易字作亦。……齊、魯、古論語若有歧異時，須從魯論爲正，誰亦無異議者。」

原來漢朝張禹講授論語，是以魯論爲主，兼採齊、魯論語說，著張侯論，爲當時所貴。而東漢末大儒鄭康成校注論語，篇章概依魯論，齊論語與古論語均供參考。後世傳誦，便多以鄭氏校注本爲據。

卽使從古論作「易」，「易」字也作「亦」字解：

王叔岷先生說：

「從古論作易，易字亦當屬下讀，易、亦古通。荀子儒效篇：『抑亦變化矣，天下厭然猶一也。』元本、明沈津百家類纂本、清百子全書本亦並作易。黃帝內經素問氣厥論篇：『謂之食亦。』唐王冰注：『亦、易也。』骨空論篇：『易髓無空』。注：『易、亦也。』列子黃帝篇：『二者亦知。』張湛注：『亦當作易。』殷敬順釋文引一本作易。皆其證。後人不識易爲亦之借字，誤信孔子傳易之說，遂以易字屬上斷句耳。』

因此，這章書的斷句，應依俞樾的見解：

續論語駢枝云：此當以「加我數年」爲一句。「五十」爲一句。……「五十」兩字，承「加我數年」而言，言或五或十也。

俞說另有「以學易」爲一句，錢穆先生以爲「是亦取世家『晚而喜易』之說，而略變之也。」今孔子既無傳易之事，且無論從古論作「易」，或從魯論作「亦」，均連下讀，則「以學」二字，自應爲一句，「亦可以無大過矣」爲一句。陳鱣論語古訓說：「亦可以無大過矣」者，卽「欲寡其過」意也。

衡情度理，所謂「加我數年」，本來就不會很長，要不五年，頂多十年，且爲風燭殘年語氣；如此說解，始能語意相承，脈絡一貫，合於聖賢「活到老、學到老；學到老，學不了」的精神。所以這章書合理的新面貌，應是：

子曰：加我數年，五、十，以學，亦可以無大過矣。

孔子說：再給我幾年的時間，或者五年、或者十年，讓我好好學遍先生之道，這樣，也就不會再犯什麼大過錯了。

註　一：見錢穆先生「論十翼非孔子作」一文。

九、子曰：「師摯之始，關雎之亂，洋洋乎盈耳哉。」章解

泰伯篇此章，朱注語焉不詳：

「師摯、魯樂師名摯也。亂、樂之卒章也。史記曰：『關雎之亂以爲風始。』洋洋、美盛意。孔子自衞反魯而正樂，適師摯在官之初，故樂之美盛如此。」

邵懿辰禮經通論曰：

「樂之原在詩三百篇之中，樂之用在禮十七篇之中。」

在儀禮中，關雎是鄉射禮唯一的正樂的首章。但仍是「合樂」，跟鄉飲酒禮和燕禮的樂次一樣。

鄭樵說：

「師摯之始，關雎之亂，洋洋乎盈耳哉！」此言其聲之盛也。

魏源說：

「詩有爲樂作不爲樂作之分，且同一入樂，而有正歌、散歌之別，古聖人因禮作樂、因樂作詩之始也，欲爲房中之樂，則必爲房中之詩，而關雎、鵲巢等篇作焉。」又說：

「西漢今古文說，皆謂師摯以商紂樂官而歸周。韓詩外傳曰：『有瞽有瞽，在周之庭，言殷紂之餘民也。』故師摯作樂之始，甫聞關雎之亂，蓋以關雎樂章，作於師摯，洋洋盈耳之日，正靡靡溺音

之時。」

何定生先生駁正魏說，以爲：

「本來師摯一名，無論今古文學家如何說法，但照論語『師摯之始』句的條理，終當作『師摯的升歌』解，然後下文的『關雎之亂』才有着落。所以這個『師摯』，當然是孔子同時的魯樂師，無法附會到殷周之際去。」

由此可知

子曰：「師摯之始，關雎之亂，洋洋乎盈耳哉！」是說：

孔子說：魯國的樂師摯，升堂而歌，當演唱關雎終了時，歌聲仍洋溢於耳際，眞是動聽到極點了。

十、「民可使由之」章、章解

泰伯篇：

子曰：「民可使由之，不可使知之。」

這章書的說解，對孔子的形象，影響至深且鉅，因此，翻案文章，多不勝舉，然或求之過深、或求之過高、或求之過厚，俱非所宜。筆者所以不憚辭費，目的在探討這句話的原意，還它本來面目。

這章書何晏集解及邢昺義疏所爲說解，皆不得其意，可以置諸不論。

集注：民可使之由於是理之當然，而不能使之知其所以然也。程子曰：聖人設教，非不欲人家喻而戶曉也。然不能使之知，但能使之由之爾。若曰聖人不使民知，則是後世朝三暮四之術也，豈聖人之心乎？

輔慶源曰：使民家喻而戶曉者，聖人之本心；不能使之知之，但能使之由之者，聖人之不得已也。朱子曰：民但可使由之耳，至於知之，必待其自覺，非可使也。由之而不知，不害其為循理，及其自覺此理而知之，則沛然矣。必使知之，則人未知之心勝，而由之不安，甚者遂不復由，而惟知之為務，其害豈可勝言。由之而自知，則隨其淺深，自有安處，使之知則知之必不至，至者亦過之，而與不及者無以異，此機心惑志所以生也。所由雖是他自有底，却是聖人使之由，如道以德，齊以禮，教以人倫，皆是使之由，不可使知，不是愚黔首，是不可得而使知之，無緣逐個與他解說。

程、朱二子，皆以為「不能使之知之，但能使之由之者，聖人之不得已也。」但朱子所謂：「必使知之，則人未知之心勝，而由之不安，甚者遂不復由，而惟知之為務，其害豈可勝言」，是「求之過深，致入理障」的典型例子，殊非孔子本意，不可不辨。

梁任公嘗為加標點，曰：

「民可，使由之；不可，使知之。」以為凡民意以為可者，則使由之；其以為不可者，則更曲喻詳曉，而使知之；正孔子尊重民意之證。

蔣伯潛十三經概論一書，駁斥梁說，大旨與程、朱二子無異，而所論為加詳：

泰伯篇曰：「民可使由之，不可使知之。」此語尤爲近人所詬病，以爲孔子主張愚民之證。梁啟超嘗爲加標點曰：民可，使由之；不可，使知之。」以爲凡民意以爲可者，則使由之；其以爲不可者，則更曲喻詳曉，而使知之；正孔子尊重民意之證。此亦曲說。孔子此言，係就事實說明其然，非就理論主張其「當然」；故不曰「民當使由之，不當使知之」，而曰「民可使由之，不可使知之」也。孫中山先生論行易知難，嘗謂先知先覺者創造之，後知後覺者宣傳之，不知不覺者實行之；又謂不知不覺者亦能行。蓋以人民之衆多，知識之幼稚，欲使全知主義政策之所以然，此爲事實所不可能也。以此詬孔子者，殆未注意於「不可」與「不當」之別耳。

又蔣著慶解四書，亦反復申明此意：

『此章孔子論爲政之道也。由、遵也。不可，謂事實上做不到也。一般人民，未嘗全體受過教育，知識淺陋，對於國家所發施之政令法律，必不能知其意義，所以執政者只能使人民遵我的政令法律而行，以入於治道，故曰：民可使由之也。這種種的政令法律，一時間要人民都明曉其意義，是做不到的事情，故曰：不可使知之也。

近人有以此章所記孔子的話，爲專制政治的愚民政策者，是誤解「不可」二字的緣故。此章意義，實與孫中山先生的「知難行易」、「不知亦能行」的學說相符。』

平心而論，古書本無句讀，今人讀古籍，必先標點斷句，然後能讀。這章書如果依一般「民可使由之，不可使知之。」的斷句法，那麼望文生義，確實是可以解釋成孔子主張採行愚民政策，談不上什麼「厚誣聖人」，只緣「論語一書，無非言仁」，而「仁者無不愛」，因此可以斷言：「聖人之心，定不如是。」程、朱二子的說解，也就理所當然了。所以會有這種截然不同的解釋，關鍵全在標點斷句上，探討這句話的原意，還它本來面目，我們可以得到一個寶貴的啟示：那就是：「整理古籍，必須標點斷句正確，然後義全。」只要標點斷句正確，不獨可以避免「據理通經」，不能「因經顯理」的那種「借後儒之理，以說先聖之經」的尷尬局面，使先聖之經原原本本的呈現在我們的面前，且可以避免滋生許多無謂的困擾，疑誤後生，述而篇：「加我數年，五十以學易」章就是顯明的例子。

這章書，無疑的要以梁任公的斷句說解，才是孔子的原意。什麼「由之而不知，不害其爲循理」，「知難行易」，「不知亦能行」云云，前者是附會之詞，後者則是遵乖習訛的曲說，俱不足取。

十一、「守死善道」句解

泰伯篇：

子曰：篤信好學，守死善道，危邦不入，亂邦不居。天下有道則見，無道則隱。邦有道，會且賤焉，恥也；邦無道，富且貴焉，恥也。

邢疏：守死善道者，守節至死、不離善道也。

集注：篤、厚而力也。不篤信則不能好學，然篤信而不好學，則所信或非其正。不守死，則不能以善其道，然守死而不足以善其道，則亦徒死而已。蓋守死者篤信之效，善道者好學之功。

朱子曰：篤信乃能好學，亦有徒篤信而不能好學者；不好學以明理，愈篤信而愈不正，不可回矣。故篤信又須是好學。守死乃能善道，不能守死，臨利害又變了，則不能善道。然亦有守死而不足以善其道者，如荆軻、聶政之死，徒死而已；比干之死，方能善其道。若不善道，但知守死也無益，故守死又須是善道。然雖曰篤信，而未能至死不變，則其信亦不篤矣；故能守死方見篤信之效。雖曰好學，而不能推以善道，則其學亦無用矣。故能善道，方見好學之功；能篤信好學，乃能守死善道；而篤信好學，又須要守死善道，數義錯綜，其義始備，此四者之所以更相爲用，而不可有一闕焉者也。

輔慶源曰：好學以善道，則見道明矣；篤信而守死，則信道篤矣。見道明、信道篤，必能審去就出處之宜，守常固必行其道，遇變亦必能守死以善其道也。

胡雲峯曰：首兩句雖四者相爲用，不可缺一，然集注曰：守死者篤信之效，善道者好學之功，則第一句最重。蓋有學貴乎有守，然必有學然後能有守，學問之深者，雖以之處生死之變可也，而況於去就之義、出處之分哉。

今按：「守死善道」一詞，邢疏語焉不詳，自朱熹以下，慶源輔氏、雲峯胡氏，則說解頗嫌迂曲，且有籠統之弊，終未有明確定義。俞樾引呂氏春秋爲說，簡潔的當，最爲可從：

群經平議：『言守之至死，而好道不厭也。呂氏春秋長攻篇曰：「所以善代者乃萬故。」高誘注曰：「善、好也。」』

十二、「傷人乎？不問馬」章、章解

鄉黨篇：廐焚。子退朝，曰：傷人乎？不問馬。

鄭玄曰：重人賤畜也。

皇侃疏：從朝還退，見廐遭火，廐是養馬處，而孔子不問傷馬，唯問傷人乎？是重人賤馬，故云不問馬也。王弼曰：孔子時爲魯司寇，自公朝退，而之火所，不問馬者，矯時重馬者也。

邢疏：不問傷馬與否，是其重人賤畜之意。不問馬一句，記者之言也。

朱注：非不愛馬，然恐傷人之意多，故未暇問。蓋貴人賤畜，理當如此。

從以上各家的注解，可見「廐焚」而竟「不問馬」，無論如何，是大聖仁人盛德之累。今以「貴人賤畜」爲說，理雖可通，而仍不無遺憾。韓愈論語筆解，或可備一說。

王讜曰：「傷人乎？不問馬。」今亦云韓文公讀不爲否。言大德聖人，豈仁於人不仁於馬？故貴人所以前問，賤畜所以後問。然不字上豈必更助詞，其亦曲矣。（註一）

據此，則「不」字讀「否」，屬上斷句，如此說解，可以無損「仁者無不愛」的形象，然是否爲孔子的原意，就大費斟酌了

註　一：都穆曰：唐李漢序韓文曰：有論語解十卷，傳學者不在集中，予家藏古本韓文有之，但其說時與今不同：如六十而耳順，解云：耳當爲爾，猶言如此也。如曾謂泰山，不如林放乎。解云：謂當作爲，言冉有爲泰山非禮也。如宰予晝寢。解云：晝當作畫，宰予四科十哲，安得有晝寢之責；如人之生也直。解云：直、德字之誤，言人生稟天地之大德也。如子所雅言。辭云：音作言字之誤也。如三嗅而作。解云：嗅當作鳴鴡之鴡，雉之聲也。如子在囘何敢死。解云：死當作先。如浴乎沂。解云：浴當作沿。如君子而不仁者有以夫。解云：仁當作備。如以杖叩其脛。解云：叩當作指。如君子貞而不諒。解云：諒當作讓。如孔子時其亡也。解云：時當作待。如鄉愿、德之賊。解云：鄉愿當作內柔。已上諸說，朱子嘗謂其鄙淺。復曰：爲伊川之學者皆取之。及覩韓文，有答侯生問論語書曰：愈昔注其書，而不敢過求其意，取聖人之旨而合之，則足以信後生輩耳。然則朱子之所謂鄙淺，固韓公之欲求信於後生者耶。

十三、「色斯舉矣」章、章解

鄉黨篇：

色斯舉矣，翔而後集。曰：「山梁雌雉，時哉時哉」。子路共之，三嗅而作。

「色斯舉矣，翔而後集。」句，

朱注：言鳥見人之顏色不善，則飛去，回翔審視而後下止，人之見幾而作，審擇所處，亦當如此。

然此上下必有闕文矣。

「曰：山梁雌雉，時哉時哉。子路共之，三嗅而作。」句，朱注：邢氏曰：梁、橋也。時哉，言雉之飲啄得其時，子路不達，以爲時物而共具之。孔子不食，三嗅其氣而起。晁氏曰：石經嗅作戞，謂雉鳴也。劉聘君曰：嗅當作臭、者古闃反，張兩翅也，見爾雅。愚按：如後兩說，則共字當爲拱執之義，然此必有闕文，不可强爲之說。姑記所聞，以俟知者。這章書，博通如朱子都爲之束手，是論語二十篇中極少見的一章，因此，從事章句訓詁，要格外審愼。

首先，我們必須瞭解這章書的文理，是否果如朱熹所說：「上下必有闕文。」捫蝨新話：

「論語自有章句，而說者亂之。論語中固有因古語而爲說者：如：祭如在，祭神如神在。此兩句正是古語，其曰：子曰：吾不與祭，如不祭云者。乃孔子因此語有所感發，故爲是說也。以類求之：唐棣之華，偏其反而，豈不爾思，室是遠而。子曰：未之思也，夫何遠之有。不恆其德，或承之羞。子曰：不占而已矣。色斯擧矣，翔而後集。曰：山梁雌雉，時哉時哉。微子去之，箕子爲之奴，比干諫而死。孔子曰：殷有三仁焉。凡此類皆因上句而立說，則上句乃亦古語耳，弟子因而併記之。」

「論語中固有因古語而爲說者」，可以說是天經地義的事情，「孔子因古語而有所感發」，尤屬人情之常，研究論語章句訓詁的人，必得先要有這種認識，否則動輒以「上下必有闕文」搪塞，則「明月之珠」，將永遠「沉於大澤」，（註一）殆可斷言。

就文勢而論，這章書的「色斯擧矣，翔而後集。」句，必是古語無疑，「曰：山梁雌雉，時哉時哉。」乃孔子就上句古語而有所感發，理至明顯，因此，我們可以說這章書「上下並沒有闕文。」

這章書既沒有闕文，我們便可以放手去做章句訓詁的工作了。由於鄉黨篇性質特殊，專門記述孔子的日常生活，我們必須掌握住這一事實，才不致發生偏差：

朱注引楊氏曰：聖人之所謂道者，不離乎日用之間也。故夫子之平日，一動一靜，門人皆審視而詳記之。尹氏曰：甚矣，孔門諸子之嗜學也，於聖人之容色言動，無不謹書而備錄之，以貽後世。今讀其書、即其事，宛然如聖人之在目也，雖然，聖人豈拘拘而爲之者哉，蓋聖德之至，動容周旋，自中乎禮耳，學者欲潛心於聖人，宜於此求焉。

程子曰：鄉黨分明畫出一個聖人。

朱子曰：鄉黨說聖人容色處，是以有事時觀聖人，說燕居申申夭夭處，是以無事時觀聖人，學者須知聖人無時無處而不然。

張南軒曰：鄉黨篇於夫子言語，容貌、衣服、飲食之際，察之精矣，聖人之道，如是其高深也。茫然測度，懼夫泛而無進德之地，故即其著見之實而盡心焉，存而味之，則而象之，於此有得，則內外並進，體用不離，而其高深者可馴到矣。

以上諸賢，衆口一詞，皆以鄉黨篇爲孔子的起居注，基於這一公認的事實，我們來看幾家有代表性的權威注解。

程顥：色斯舉矣，不至悔吝；翔而後集，審擇其處。

程頤：山梁雌雉，得其時、遂其性，而人逢亂世，反不得其所。子路不達，故共具之。孔子俾子路復審言詳意，故三嗅而起，庶子路知之也。

眞西山：色斯舉矣，去之速矣，衞靈公問陳而孔子行，魯受女樂而孔子去，卽此義也。翔而後集，就之遲也，伊尹俟湯三聘而後幡然以起；太公、伯夷聞文王善養老而後出，卽此義也。古人所謂三揖而進，一辭而退，雖相見會聚之間，猶謹諸此，況仕止久速之際乎。賈誼賦所謂鳳縹縹而高逝兮，夫固自引而遠去，卽色斯舉矣之意。又曰：鳳凰翔于千仞兮、覽德輝而下之，此卽翔而後集之意。後世如漢穆生以楚王戊不設醴而去，諸葛武侯必待先主三顧而後從之，皆有得乎此者。

邢昺疏：此言孔子審去就也。謂孔子所處，見顏色不善，則於斯舉動而去之；將所依就，則必廻翔審觀而後下止。此翔而後集一句，以飛鳥喩也。

連同前舉朱注在內，一以「可以人而不如鳥乎」立說，與他們對鄉黨篇的特質所作的詮釋大相逕庭，顯然犯了「消息過深、揄揚過侈，以爲句句必涵氣象，而事事皆關造化的毛病。（註二）所以會有這種毛病發生，乃是因爲他們不知道「論語中固有因古語而爲說者」的道理所致。

其實，「聖人之意，或不盡於言，亦不外於言也。不外乎言，而離其言以求之，宜其傷於太過也。」（註三）這章書，卽其言以求其義，當以蔣伯潛先生的說解最爲近理可從：

『所記爲孔子、子路師生郊遊事，而其文字亦極生動；讀者過於深求，遂覺難解耳。王引之經傳釋詞曰：「色斯者，狀鳥舉之疾也。」以爲「色斯」卽「色然」，爲驚駭之貌，引公羊傳哀公六年：「諸大夫見之，皆色然而駭」之何休注爲證，並歷舉漢代文人中「色斯」二字連用之例。按色斯二字爲雙聲連語，猶云「迅速」。「色斯舉矣」，記雌雉飛舉之速；「翔而後集」，記鳥翔集之緩；二句義正相對，爲寫郊遊景物之句。所寫者，卽集於山梁之雌雉也。共、拱執也。「嗅」字當如朱注引劉聘君說，作「狊」，音古闃反，張兩翅也。見爾雅疏。「狊」字从目、从犬，因形近而譌作「臭」，張參五經文字正作「狊」，可證。唐石經又加「口」作「嗅」耳。呂氏春秋審己篇言「子路揜雉而復釋之」，卽指此事。揜亦執也。但徒手拱執山雉，事不可能；雉見往執，故三狊其翅而飛去耳。呂氏春秋謂旣揜執而復釋之，誤。孔子、子路出遊郊外，見雌雉迅速飛舉，復遲廻翔集於山梁，孔子見而歎曰：「時哉，時哉！」亦覩物興感之常情。子路見而趨往拱執，雉卽飛逝，更遊戲之常事。且嘆者自嘆，戲者自戲，子路初不因孔子之嘆而執之，或復釋之也。』

蔣氏又說：

『自此章之義不明，乃有所謂「燒烤雌雞」之趣話，意謂孔子羨雉爲時鮮，子路獵而供食，孔子三嗅其味，作而不食云云。不知爲此說者，正爲「燒烤雉鷄」耳。』（註四）

註　一：黃宗羲說：四子之義，因成說在前，此亦一述朱，彼亦一述朱，故其精義，猶如明月之珠，尚沉於大澤。以後儒之說，皆未能折衷群言，開發新義故也。

註　二：王若虛論語辨惑序文。
註　三：同前。
註　四：見蔣伯潛著十三經概論，第七篇第二章，論語解題（下）

十四、「巫醫」解

子路篇：子曰：南人有言曰：人而無恒，不可以作巫醫。善夫！不恒其德，或承之羞。子曰：不占而已矣。

鄭玄曰：言巫醫不能治無常之人也。

皇侃疏：巫，接事鬼神者；醫，能治人病者。

邢昺疏：巫主接神除邪，醫主療病。

朱注：巫所以交鬼神，醫所以寄死生，故雖賤役，而猶不可以無常，孔子稱其言而善之。

以上各家說解，皆分「巫」、「醫」而二之。以接事鬼神之「巫」爲賤役，理猶可說；但以能治人病，所以寄死生之「醫」爲賤役，便大有商榷餘地。須知自古以來的社會，便是對醫生抱着禮讚惟恐不及的態度，社會地位崇高，爲衆所仰慕，如所謂：「杏林春滿」、「懸壺濟世」、「活人無算」、「仁心仁術」、「妙手回春」等，不一　足，如此，焉得視爲賤役？因之，「巫醫」一詞，當以俞樾之說爲最近理：

「楚詞天問篇曰：化爲黃熊，巫何活焉。王逸注曰：言鮌死後化爲黃熊，入於羽淵，豈巫醫所能復生活。是巫醫古得通稱。此云不可以作巫醫，醫亦巫也。廣雅・釋詁曰：醫、巫也。是其證也。荀子王制篇曰：相陰陽、占祲兆，鑽龜陳卦，主攘擇五卜，知其吉凶妖祥，傴巫跛擊之事也。蓋古者卜筮之事，亦巫祝掌之，禮記・緇衣篇：南人有言曰：人而無恆，不可爲卜筮。古之遺言與。彼言卜筮，此言巫醫，其義一也。下文引易恆卦之辭，又曰：不占而已矣。皆以卜筮言，與醫不涉。正義分巫、醫而二之，非古義矣。」

韓愈師說一文：「巫醫、樂師，百工之人，君子不齒。」句中的「巫醫」，亦應作如是解。至全章章旨，則以錢穆與顧炎武二氏之說最爲得間；錢穆說：「因人之無恆，而歎其不占，與南人之言，同類並舉，亦博弈猶賢之意，非韋編三絕之說也。」

顧炎武說：「詩三百，一言以蔽之，曰：思無邪。易六十四卦，三百八十四爻，一言以蔽之，曰：不恆其德，或承之羞。夫子所以思得見夫有恆也，有恆然後可以無大過。」

十五、「君子而不仁者有矣夫」章辨正

憲問篇

子曰：「君子而不仁者有矣夫，未有小人而仁者也。」

集注：謝氏曰：「君子志於仁矣，然毫忽之間，心不在焉，則未免爲不仁也。

陳潛室曰：君子容有不仁處，此特君子之過爾。蓋千百之一二。若小人，本心既喪，天理已自無有，何得更有仁在。已自頑痺如鐵石，亦無醒覺之理，甚言小人之不仁也。此君子，小人指心術邪正言。君子存心雖正，猶有私意間發之時；小人本心既無，縱有隙光暫見，決不勝其虺蛇之毒。此章深惜小人之喪失本心也。

饒雙峯曰：仁是純乎天理，而無一毫人欲之私，少有間斷，便是不仁。君子之心，雖純是天理，然或少有間斷，故曰：不仁者有矣夫。小人間有些天理形見，終爲物欲所蔽，決不能到純全田地，故曰：未有小人而仁者也。

今按：既曰「君子矣」，而竟有「不仁者」；既曰「小人矣」，而竟求其「能仁」。有是理哉？

謝、陳、饒諸公所爲說解，正所謂「離其言以求之，宜其傷於太過也」之顯例。

韓文公獨具慧眼，首揭此章之失，以爲「仁」乃「備」字之誤，其辨極精：

論語筆解：

「子曰：君子而不仁者有矣夫，未有小人而仁者也。

孔曰：雖君子猶未能備。

仁當爲備字之誤也。豈有君子而不仁者乎？既稱小人，又豈求其仁耶？吾謂君子才行或不備者有矣，小人求則未之有也。」

論語注本以何晏集解爲最古，古注可以校經文之誤，乃校勘學之通理。以里仁篇：子曰：「君子去仁，惡乎成名？君子無終食之間違仁，造次必於是；顛沛必於是。」證之，則韓文公之說，可謂決千古之疑矣。

十六、「鄭聲淫」句解

衞靈公篇：

顏淵問爲邦。子曰：行夏之時，乘殷之輅，服周之冕，樂則韶舞，放鄭聲，遠佞人。鄭聲淫，佞人殆。

朱注：放謂禁絕之：鄭聲，鄭國之音。

孔安國曰：鄭聲佞人亦俱能感人心，與雅樂賢人同，而使人淫亂危殆，故當放遠之也。

皇侃疏：鄭聲淫也。魯禮無淫樂，故言放之也。

邢疏敷衍孔安國說，無所發明。

以上各家注解，皆主聲音立說。古詩、樂既分爲二經，則詩與樂自應分爲二教。

顧起元呂氏家塾讀詩記序曰：

「近代博南新鄭著錄，言鄭聲淫者，謂鄭國作樂之聲過於淫，非謂鄭詩皆淫也。是以樂記曰：流僻邪散狄成滌濫之音作而民淫亂。夫聲與辭，其分固已晰矣。」

郝敬說：

「夫聲與詩異，鄭聲淫，非鄭詩盡淫也。虞書曰：『詩言志，歌永言，聲依永。』音律爲聲，篇章爲詩；聲生於響，詩成於志。故古序曰：『在心爲志，發言爲詩。』此聲與詩之辨也。今據古序以繹志，鄭衞之詩，其何者爲淫詩與？雖桑中、溱洧，志在刺淫，而詩本非淫也；豈得以辭而累志，苟不逆其志，惟辭之似，雖二南之行露、死麕，其誰不可爲淫詩者與？鄭之將仲子刺莊公，狡童、褰裳刺昭公，其志皆正，其聲靡靡，皆似婦人語；蓋士風化氣，習氣化響，豈惟鄭衞？宋音燕女溺志，齊音傲僻驕志，以至五行莫不有淫氣，八方莫不有淫聲，稱鄭衞，猶今人云楚歌趙舞云爾；豈獨楚有歌而趙有舞與？若謂鄭音卽鄭詩，衞音卽衞詩，齊音卽齊詩，十五國未有宋詩也，則所謂燕女溺志者，是何詩與？以鄭衞之聲，獨罪二國，非也。又以聲罪詩，豈不誤乎？樂記曰：『子貢問於師乙曰：賜聞聲歌各有宜，敢問賜宜何歌？』所謂歌卽詩也。歌有辭而聲惟響，故師乙舉雅頌言詩，與商齊五帝三王之遺言聲。謂以商齊之聲，歌風雅頌之詩，猶今人以南北腔唱樂府辭。此聲與詩之徵也。鄭康成解禮不達，因記有錯簡，疑商齊與風雅頌並列爲歌，則是以齊爲齊風，商爲商頌矣。據本文云：『商爲五帝之聲，商人傳之；齊爲三代之聲，齊人識之。』與雅頌何涉？混聲歌爲一類，世儒遂指二風爲淫詩，所由誤矣。」（註一）

近人陳柱主張孔子不錄淫詩，以鄭聲及鄭衞之音非鄭風衞風證之。他說：

樂記曰：「鄭音好濫淫志：宋音燕女溺志；衞音趨數煩志；齊音喬辟傲志。」今以朱子所斥鄭風之爲淫詩者觀之，固合於好濫淫志之說矣。若以朱子所斥衞風之爲淫詩者觀之，未見其爲趨數煩志也。

且以衞風之全詩論之，除式微、北門、北風頗類於趨數煩志以外，其餘皆優游而不迫，未見其趨數煩志也。更觀於齊風之全詩，其所喬辟者又何在？然則樂記所謂鄭衞齊之音，非卽三百篇鄭衞齊之國風明矣。左傳襄二十九年，吳季札聘魯，觀於周樂，爲之歌邶鄘衞，曰：「美哉，淵乎，憂而不困者也！」爲之歌鄭，曰：「美哉，其細已甚，民不堪也，」爲之歌齊，曰：「美哉，泱泱乎，大國之風也！」此所歌之詩，卽孔子尙未刪之詩，而以鄭風爲「其細已甚」，與樂記「鄭音好濫淫志」相反。其所謂邶鄘衞「憂而不困」，齊爲「泱泱大風」，亦與樂記「衞音趨數煩志，齊音喬辟傲志」不合，夫孔子未刪之詩，尙如季札所論，不如樂記所言之惡，而謂孔子刪後之詩，反劣於未刪者乎？然則樂記所言鄭衞之音，非卽三百篇之鄭衞風又已明矣。（註二）

觀此，則「鄭聲」不卽「鄭風」可知。證以陽貨篇：「惡鄭聲之亂雅樂也。」泰伯篇：「興於詩立於禮，成於樂。」「師摯之始，關雎之亂，洋洋乎盈耳哉！」述而篇：「子在齊聞韶，三月不知肉味。曰：不圖爲樂之至於斯也。」「子與人歌而善，必使反之，而後和之。」八佾篇：「子謂韶，盡美矣，又盡善也。謂武，盡美也，未盡善也。」各章，則孔子以詩樂分敎，顯然可見。蓋溫柔敦厚，此文詞之所以能感物也；廣博易良，此聲律之所以能動人也。拘執「鄭聲淫」一語而強爲淫詩說張目者可以休矣。

註　一：見毛詩原解序。

註　二：見學衡第十二期。

十七、「禮樂征伐自天子出」章、章解

季氏篇：

孔子曰：天下有道，則禮樂征伐自天子出；天下無道，則禮樂征伐自諸侯出。自諸侯出，蓋十世希不失矣；自大夫出，五世希不失矣；陪臣執國命，三世希不失矣。天下有道，則政不在大夫；天下有道，則庶人不議。

陳止齋曰：

「此章備春秋之終始。禮樂征伐自天子出，是春秋以前時節；自諸侯出，隱、桓、莊、閔之春秋也；自大夫出，僖、文、宣、成之春秋也；陪臣執國命，襄、昭、定、哀之春秋也。」

「此章備春秋之終始。」蓋本之孔安國：「周幽王為犬戎所殺，平王東遷，周始微弱，諸侯自作禮樂，專行征伐，始於隱公，至昭公、十世，失政，死於乾侯矣。」

韓文公論語筆解，引春秋史實說此章，可證論語與春秋，實多相通之處：

『「孔子曰：禮樂征伐自諸侯出，蓋十世希不失矣。」

此義見仲尼作春秋之本也。吾觀隱至昭十君誠然矣，禮樂征伐自作，不出於天子亦然矣。若稽諸春秋，吾疑十二公引十世為證非也。其然乎？吾考隱公書正月者，言周雖下衰，諸侯稟朔不可不書也。

隱攝政不書卽位，言不預一公之數也。定書卽位，繼體當爲魯君，不書正月者，不稟朔也。稟朔由三桓強盛，不由公室也。政去公室，由自桓公，至定公爲十世明矣。深哉，先儒莫之知也。今驗魯論，因知春秋本末，惟季氏篇章。學者三復其義。

「自大夫出，五世希不失矣。」孔曰：「季文子初得政，至桓子五世，爲家臣陽虎所囚。」

季孫行父自僖公時得魯政，至平子意如逐昭公於乾侯，終季孫斯；定公八年，爲陽虎所伐，桓子卽季孫斯也。仲尼既言諸侯十世，又言大夫五世者，斥魯君臣皆失道也。

「陪臣執國命，三世希不失矣。」馬曰：「陽虎爲季氏家臣，至虎三世出奔。」

定公九年，陽虎以葱靈逃奔宋，遂奔于晉，至哀公二年，陽虎猶見于左傳，蓋仲尼自定、哀之際，三桓與魯皆衰，故春秋止于麟，厥旨深矣。』

則此章所以昭示來世者，固不僅史事而已，而有大義存焉，張南軒暢發厥旨，所見多程、朱之所未到：

「禮樂征伐，天子之事也。天下有道，則禮樂征伐自天子出矣；蓋天子得其道，則權綱在己，而在下者莫敢干之也。所謂自天子出者，天子亦豈敢以己意可專而以私意加於其間哉，亦曰奉天理而已矣。此之謂得其道。若上失其道，則綱維解紐，而諸侯得以竊乘之，禮樂征伐將專行而莫顧矣。若諸侯可以竊之於天子，則大夫亦可以竊之於諸侯，而陪臣亦可以竊之於大夫矣。其理之逆，必至於此也。所以有十世、五世、三世之異者，尹氏謂於理愈逆，則其亡愈速是也。天下有道，則政不在大夫者，政出于一也。庶人不議者，民志定於下而無所私議也。」

蔣伯潛先生駁斥後儒對此章之誤解，不僅說理足以服衆，且能賦經書以新義，至爲可喜，今人讀古聖賢書，固應如是也：

『天子、諸侯、大夫、陪臣，此孔子時封建制度之階級也。論者每以此章爲孔子主張保存封建制度之證。試思：孔子生於春秋之末；孔子之前，虞、夏、商、周、以來，行封建之制已四代矣。孔子豈能預知秦之廢封建而爲郡縣哉？則其論政，以前世及當時唯一之封建制度爲據，亦何足怪？且所謂「禮樂征伐自天子出」者，正春秋大一統之義。「禮樂征伐自諸侯出」，不猶唐末之藩鎭專擅，民國初年軍閥之跋扈乎？若政在大夫，陪臣執柄，則更等而下之矣。讀者不當拘牽名詞，求其義於形迹也。』

（註一）

註　一：見蔣伯潛先生著十三經概論，第七編第六章：「論語論政治」

十八、「多識於鳥獸草木之名」句解

論語、陽貨篇

子曰：小子！何莫學夫詩？詩，可以興，可以觀，可以羣，可以怨。邇之事父，遠之事君；多識於鳥獸草木之名。

這章書到「遠之事君」爲止，各家注解大同小異，是沒有什麼問題的，可以略而不論。但「多識於鳥獸草木之名」一句，却關係重大，我們是非得要把它弄清楚不可。

皇侃解釋這句話說：關雎、鵲巢，是有鳥也；騶虞、狼跋，是有獸也；采蘩、葛覃，是有草也；甘棠、棫樸，是有木也。詩並載其名，學詩者則多識之也。

邢昺的解釋是：言詩人多記鳥獸草木之名以爲比興，則因又多識於此鳥獸草木之名也。

朱熹的解釋是：其緒餘又足以資多識。

蔣伯潛的解釋是：其中多託物比興，用鳥獸草木爲譬，故其緒餘，又足以資多識也。

如果照以上有代表性的幾家的說法，那麼詩經就成了古代的生物課本了，就孔子的詩教旨趣看，這無論如何是說不通的。

其實，這句話的關鍵，全在「多識於鳥獸草木之名」的「名」字上，此字不通，則整句話的說解便完全相反了，歷來的註疏家都犯同樣的錯誤，亟待糾正。

春秋繁露，深察名號篇：「名之爲言眞也。」

方承章毛詩多識篇序曰：繁露稱名生於眞，不眞非名。則無論一名數物，一物數名，即一之不辨，而格致於何有？

郭喬泰毛詩多識篇序亦云：吾鄉曩有鄭漁仲先生撰有昆蟲草木志略，其自敘云：已得鳥獸草木之眞，然後傳詩。則以詩家發興之本在也。

由此可見「多識於鳥獸草木之名」的「名」字，它的正確解釋便是：「名之爲言眞也。」亦卽「天性」、「特性」的意思。

至於學詩何以必須「多識於鳥獸草木之名」？邢昺的注解，倒是有部分解對了：「言詩人多記鳥獸草木之名以爲比興。」這個道理，淸代詩經學家陳啟源所見最爲深刻，解說也最精善。毛詩稽古編說：

「詩人興體，假象於物，寓意良深；凡託興在是，則或美或刺，皆見於興中。故必研窮物理，方可與言興。學詩所以重多識也。」

「學詩所以重多識也」，正就是：「多識於鳥獸草木之名」一語的精義所在。由於「詩人興體，假象於物，寓意良深。」所以必須「研窮物理」、「多識於鳥獸草木之名」，而後可以得興、觀、羣、怨、事父、事君之旨。

納蘭成德、毛詩名物解序說：

「六經名物之多，無踰於詩者：自天文、地理、宮室、器用、山川、草木、鳥獸、蟲魚，靡一不具，學者非多識博聞，則無以通詩人之旨意，而得其比興之所在。」

葉向高六家詩名物疏序亦說：

「詩之爲比興者，其寄情或深於賦；而比興之物，又必有其義：如關雎之配耦，棠棣之兄弟，蔦蘿之親戚，蜉蝣之娛樂，鴇羽之憂勞，皆非泛然漫爲之說。故善說詩者，舉其物而義可知也；不辨其物而强繹其義，詩之旨日微，而性情日失矣。」

「比興之物，又必有其義。」「善說詩者，舉其物而義可知也。」孔子教弟子，學詩要「多識於鳥獸草木之名」，其設心注意便全在這一點上，因爲「物」之難明者，爲其「名」之難明也。

皮錫瑞說：

「不知雎鳩爲何鳥？則不能辨摯而有別，言摯至與言鷙猛之孰優。不知芣苢爲何草？則不能定毛與三家：樂有子與傷惡疾之孰是。多識草木鳥獸，乃足以證詩義。」

鄭樵、昆蟲草木略序云：

「若曰關關雎鳩，在河之洲。不識雎鳩，則安知河洲之趣與關關之聲乎？凡雁鶩之類，其喙褊者，則其聲關關；鷄雉之類，其喙銳者，則其聲鷕，此天籟也。雎鳩之喙似鳧雁，故其聲如是，又得水邊之趣也。小雅曰：呦呦鹿鳴，食野之苹。不識鹿，則安知食苹之趣與呦呦之聲乎？凡牛羊之屬，有角無齒者，則其聲呦呦；駝馬之屬，有齒無角者，則其聲蕭蕭，此亦天籟也。鹿之喙似牛羊，故其聲如是，又得蔞蒿之趣也。使不識鳥獸之情狀，則安知詩人關關呦呦之興乎？若曰有敦瓜苦，蒸在栗薪者；謂瓜苦引蔓於籬落間，而有敦然之繫焉。若曰桑之未落，其葉沃若者。謂桑葉最茂，雖未落之時，而有沃若之澤。使不識草木之精神，則安知詩人敦然沃若之興乎？……夫物之難明者，爲其名之難明也。」

因此，鄭樵以爲：必須「已得鳥獸草木之眞，然後傳詩。」

綜合以上的論據，可知「多識於鳥獸草木之名」這句話的正確解釋，便是：

「但要先認識許多鳥獸草木的特性。」

十九、公山弗擾、佛肸二章商榷

陽貨篇、公山章

公山弗擾以費畔，召，子欲往。子路不說。曰：末之也已，何必公山氏之之也。子曰：夫召我者而豈徒哉，如有用我者，吾其爲東周乎。

佛肸章

佛肸召，子欲往。子路曰：昔者由也聞諸夫子曰：親於其身爲不善者，君子不入也。佛肸以中牟畔，子之往也如之何？子曰：然，有是言也。不曰堅乎，磨而不磷；不曰白乎，涅而不緇。吾豈匏瓜也哉，焉能繫而不食。

學者多以爲下論駁雜，陽貨篇尤甚，而此二章，則尤其顯然者也。蓋公山、佛肸二人，背景堪疑：公山弗擾爲季氏宰，與陽貨共執桓子，據邑以畔。佛肸則爲晉大夫趙簡子之中牟邑宰，以中牟畔，是二人俱爲亂臣賊子，同召孔子，而孔子竟欣然欲往。子路之所以不說、思有以止夫子之行者在此，啟後人之爭端者亦在此。

宋儒解此二章，極盡迴護之能事，至有曲爲之說者：邢疏以爲：此二章皆言孔子欲不擇地而治也。程子曰：聖人以天下無不可有爲之人，亦無不可改過之人，故欲往。然而終不往者，知其必不能改故也。公山弗擾以費畔，不以召叛人逆黨，而召孔子，則其志欲遷善悔過而未知其術耳。使孔子而不欲往，是沮人爲善也，何足以爲孔子？公山召我而豈徒哉，是孔子意；他雖畔而召我，其心不徒然，往而敎之遷善，使不叛則已，此則於義直有可往之理，而孔子亦有實知其不能改而不往者。佛肸召亦然。

朱子曰：公山弗擾、佛肸召而欲往者，乃聖人虛明應物之心，答其善意，自然而發。終不往者，以其爲惡已甚，義不復可往也。此乃聖人體用不偏，道並行而不相悖處。然兩條告子路不同者，卽其所疑而喻之爾。子路於公山氏疑夫子之不必往，故夫子言可往之理；於佛肸恐其浼夫子也。故夫子告以不能浼己之意。

張敬夫曰：子路昔者之所聞，君子守身之常法；夫子今日之所言，聖人體道之大權也。然夫子於公山佛肸之召，皆欲往者，以天下無不可變之人、無不可爲之事也。其卒不往者，知其人之終不可變，而事之終不可爲耳。一則生物之仁，一則知人之智也。

張南軒曰：子路之說，在子路則當然，蓋子路以己處聖人，而未能以聖人觀聖人也。

輔慶源曰：聖人道大德弘，所過者化。人之不善，一經聖人照臨之，則大者革心，小者革面之不暇，何至有浼於聖人。若夫昏頑之至，不可以常理化者，則聖人又自有以處者；在上則或若堯舜之待三苗，在下則若夫子之待陽貨，公山、佛肸，亦豈能浼於聖人哉。

輔氏又曰：自聖人言之，則固無不可爲之時，亦無不可爲之事，無不可敎之人。然其所遇，則有不可必者：天未欲平治天下，則在時者有不可爲也；上之人不我用，則在事者有不可爲也；誨之諄諄，聽之藐藐，則在人者有不可教也。

公山、佛肸二章，宋儒所爲說解，一則曰：天下無不可有爲之人，亦無不可改過之人。再則曰：體用不偏，道世行而不相悖。三則曰：君子守身之常法，聖人體道之大權。四則曰：以聖人觀聖人。五則曰：無不可爲之時，亦無不可爲之事，無不可教之人。誠所謂：「聖人自不可測」者矣。然則違道叛逆，人人皆曰可殺之亂臣賊子，而竟亦有可以召孔子、孔子且欣然欲往之理，實難逃强詞奪理、傷教害義之譏。苟聖人之心不度義如是，則「孔子成春秋，而亂臣賊子懼。」又何說之詞？「世衰道微，邪說暴行有作；臣弒其君者有之，子弒其父者有之，孔子懼，作春秋。」又何說之詞？今春秋大義，炳如日星，而討亂臣賊子之明文，反茫昧不明者，淫詞蔽之也。王若虛嘗謂：「宋儒之議論，不爲無功，而亦不能無罪焉。」（註一）今觀宋儒公山、佛肸二章所爲說解，將以尊聖人而不免反累名，亦豈爲無罪也哉？

「經以必當爲理。」（註二）公山、佛肸二章，於理果有當乎？此則王充論衡問孔篇早已言之詳矣：

「佛肸召，子欲往。子路不說。曰：昔者由也聞諸夫子曰：親於其身爲不善者，君子不入也。佛肸以中牟畔，子之往也，如之何？子曰：有是也。不曰堅乎？磨而不磷；不曰白乎，涅而不緇。吾豈匏瓜也哉，焉能繫而不食。子路引往時孔子所言以非孔子也。往前孔子出此言，欲令弟子法而行之，子路引之以諫，孔子曉之，不曰前言戲若非而不可行，而曰有是言者，審有當行之也。不曰堅乎、磨而不磷；不曰白乎，涅而不緇。孔子言此言者，能解子路難乎？親於其身爲不善者，君子不入也解之，宜佛肸未爲不善，尙猶可入。而曰：堅、磨而不磷；白、涅而不緇。如孔子之言，有堅白之行者可以入之，君子之行軟而易汙邪？何以獨不入也。孔子不飲盜泉之水，曾子不入勝母之閭，避惡去汙不以義，恥辱名也。盜泉勝母有空名，而孔子曾恥之；佛肸有惡實，而子欲往；不飲盜泉是，則欲對佛肸非矣。不義而富且貴，於我如浮雲。枉道食篡畔之祿，所謂浮雲者非也。或權時欲行道也：卽權時行道，子路難之，當云行道，不言食。有權時以行道，無權時以求食。吾豈匏瓜也哉，焉能繫而不食。自比以匏瓜者，言人當仕而食祿，我非匏瓜，繫而不食非子路也。孔子之言，不解子路之難，子路難孔子，豈孔子不當仕也哉？當擇善國而入之也。孔子自比匏瓜，孔子欲安食也。且孔子之言，何其鄙也？何比仕爲食哉，君子不宜言也。匏瓜繫而不食，亦繫而不仕等也。距子路可云吾豈匏瓜也哉，繫而不仕也。今吾繫而不食，孔子之仕，不爲行道，徒求食也。人之仕也，主貪祿也，禮義之言爲行道也。猶人之娶也，主爲欲也，禮義之言爲供親也。仕而直言食，娶可直言欲乎？孔子之言解情而無依違之意，不假義理之名，是則俗人，非君子也。儒者說孔子周流，應聘不濟，閔道不行，失孔子情矣。」

『公山弗擾以費畔，召，子欲往。子路不說。曰：「末之也已，何必公山氏之之也。」子曰：「夫召我者而豈徒哉，如有用我者，吾其爲東周乎。」爲東周、欲行道也。公山、佛肸俱畔者，行道於公山、求食於佛肸，孔子之言無定趨也。言無定趨，則行無常務矣。周流不用，豈獨有以乎。陽貨欲見之，不見；呼之仕，不仕，何其清也。公山、佛肸，召之欲往，何其濁也。公山弗擾與陽虎俱畔，執季桓子，二人同惡，呼召禮等，獨對公山，不見陽貨，豈公山尚可，陽貨不可乎？子路難公山之召，孔子宜解以尚及佛肸未甚惡之狀也。』

「公山、佛肸俱畔者」，以孔子之聖，竟思「行道於公山、求食於佛肸」，王充惑經之難，雖百大儒無以解也。

蔣伯潛先生據史實以辨，以爲此二章荒誕不經、悖理殊甚，上誣孔子，下誤後世，疑佞臣張禹所竄入，情理兩得，可爲定論：

『公山弗擾，左傳作公山不狃。其據費以叛，由於墮費城，事在定公十二年，見春秋經傳。是時，孔子爲魯司寇，與聞國政，主墮三家之都。先墮叔孫氏之郈。季孫將墮費，公山不狃乃據費以叛。襲定公，矢及公側，孔子命申句須、樂頎伐之。費人北，又追之於姑蔑。公山不狃奔齊。乃墮費。左傳記之甚詳。然則公山之叛，正因反抗孔子，且爲孔子所討平矣。以一叛國之邑宰，居然召其所反對之執政；以下令討叛之執政，乃聞其召而欲往，且以「東周」期之，豈非奇事奇談？且孔子方爲司寇，並未周遊，何以子路有「末之也已」之言？史記孔子世家移費之畔於定公九年，則從此至墮費時，公山據費獨立，行四年矣；季氏當先謀平費叛，然後得墮其城矣。且此爲孔子親歷之事，何以作春秋時，竟誤記其年耶？至於佛肸之以中牟叛趙，據韓詩外傳及列女傳，爲趙襄子時事。襄子立於魯哀公二十年，孔子卒於哀公十六年，佛肸又安得召之？史記敘於孔子在衞時，約當定公十四五年。此時中牟尚屬范中行氏，不屬趙氏。因左傳明明於哀公五年夏，記趙鞅圍中牟而取之也。如以佛肸事爲抗趙鞅，則抵抗侵略，又不得謂之叛矣。且其年仍與史記不合也。孔子作春秋而亂臣賊子懼。今乃聞亂臣賊子之召，而欣然欲往，寧有是理？聖人固磨而不磷，涅而不緇者，但豈有自負其能不磷不緇，而故意磨之涅之者乎？「吾豈匏瓜也哉，焉能繫而不食。」其口吻直與後世藉口生活困難，甘伍叛逆，甘臣異族者同。而「其爲東周」一語，直認一叛國邑宰爲中央矣！故此二章，上誣孔子，下誤後世，卽孔門後學，亦斷不至因傳聞之誤，而悖謬至此，豈佞臣張禹所竄入耶？』（註三）

註　一：王若虛論語辨惑序文。

註　二：范寧語。見春秋穀梁傳序。

註　三：「吾其爲東周乎」，各家說解皆以爲興周道於東方。輔慶源曰：「魯在周之東故云爾。」蔣氏似誤解此語。
又漢書朱雲傳：「成帝時，丞相故安昌侯張禹以帝師位特進，甚尊重。雲上書求見，公卿在前，雲曰：今朝廷大臣，上不能匡主，下無以益民，皆尸位素餐，孔子所謂鄙夫不可與事君，苟患失之，無所不至者也。臣願賜尚方斬馬劍，斷佞臣一人，以厲其餘。」

二十、譏世卿

孔子對於世卿制度，素抱反對的態度。

春秋隱公三年：「夏，四月，辛卯，尹氏卒。」

公羊傳曰：「尹氏者何？天子之大夫也。其稱尹氏何？貶。曷爲貶？譏世卿。世卿，非禮也。」

「世卿」所以「非禮」：

徐彥說：「禮，公卿、大夫、士皆選賢而用之，卿大夫任重職大，不當世爲其秉政久，恩德廣大，小人居之，必奪君之威權。故尹氏世立王子朝，齊崔氏世弒其君光。」

尹氏以世卿專政，至尹辛、尹圉，乃逐襄王而立王子朝。那時各國都有專權的世卿，如齊之田氏，晉之六卿，魯之三家。孔子對於這種世卿的制度，素抱反對態度，因此在魯任大司寇，爲期雖甚短促，却亟亟要墮三家之都：（註一）

史記、孔子世家：「定公十三年夏，孔子言於定公曰：臣無藏甲，大夫毋百雉之城。使仲由爲季氏宰，將墮三都。」

在論語中，尤多此類言論：

八佾篇：

孔子謂季氏，八佾舞於庭，是可忍也，孰不可忍也。

三家者，以雍徹。子曰：相維辟公，天子穆穆。奚取於三家之堂。

季氏旅於泰山，子謂冉有曰：女弗能救與？對曰：不能。子曰：嗚呼，曾謂泰山，不如林放乎！

雍也篇：

季氏使閔子騫爲費宰。閔子騫曰：善爲我辭焉，如有復我者，則吾必在汶上矣。

先進篇：

季氏富於周公，而求也爲之聚斂而附益之。子曰：非吾徒也，小子鳴鼓而攻之可也。

季氏篇：

季氏將伐顓臾。冉有、季路見於孔子曰：季氏將有事於顓臾。孔子曰：求，無乃爾是過與。夫顓臾，昔者先王以爲東蒙主，且在邦域之中，是社稷之臣也，何以伐爲？冉有曰：夫子欲之，吾二臣者，皆不欲也。孔子曰：求，周任有言曰：陳力就列，不能者止。危而不持，顚而不扶，則將焉用彼相矣。且爾言過矣，虎兕出於柙，龜玉毀於櫝中，是誰之過與？冉有曰：今夫顓臾，固而近於費，今不取，後世必爲子孫憂。孔子曰：求，君子疾夫，舍曰欲之而必爲之辭。丘也聞有國有家者，不患寡而患不均，不患貧而患不安。蓋均無貧，和無寡，安無傾。夫如是，故遠人不服，則修文德以來之，既來之，則安之。今由與求也，相夫子，遠人不服，而不能來也；邦分崩離析，而不能守也。而謀動干戈於邦內，吾恐季孫之憂，不在顓臾，而在蕭牆之內也。

陽貨篇

公山弗擾以費畔。召，子欲往。子路不說曰：末之也已，何必公山氏之之也，子曰；夫召我者，而豈徒哉，如有用我者，吾其爲東周乎！

由於孔子對季氏的痛恨，因此，公山弗擾畔季氏，是他很感痛快的一件事。傅斯年說：「孔子的國內政治思想，自然是『强公室，杜私門』主義，如果孔子有甚新物事貢獻，想就是這個了。』（註二）

所謂「君子疾其末則正其本。」因此，

孔子曰：天下有道，則禮樂征伐，自天子出；天下無道，則禮樂征伐，自諸侯出。自諸侯出，蓋十世希不失矣。自大夫出，五世希不失矣。陪臣執國命，三世希不失矣。天下有道，則政不在大夫；天下有道，則庶人不議。（季氏篇）

註　一：見蔣伯潛著經與經學。

註　二：見傅著答顧頡剛問孔子學說何以適應秦漢以來的社會書。刊古史辨第二册。

二十一、左丘明辨

公冶長篇

子曰：巧言、令色、足恭，左丘明恥之，丘亦恥之；匿怨而友其人，左丘明恥之，丘亦恥之。

孔安國曰：左丘明、魯太史也。

皇侃疏：左丘明、受春秋於仲尼者也。其既良直，故凡有可恥之事，而仲尼皆從之爲恥也。
正義曰：此章言魯太史左丘明與聖同恥之事。……左丘明、魯太史，受春秋經於仲尼者也。
集注：引程子曰：左丘明，古之聞人也。謝氏曰：二者之可恥，有甚於穿窬也。左丘明恥之，其所養可知矣。夫子自言丘亦恥之，蓋竊比老彭之意；又以深戒學者，使察乎此而立心以直也。

按漢書藝文志春秋類有「春秋古經十二篇，左氏傳三十卷。」班固自注云：「左丘明，魯太史。」漢志序春秋，特詳於左傳，蓋采劉歆七略。（漢志總序云……歆於是總群書而奏其七略，有輯略，有六藝略，有諸子略，有詩賦略，有兵書略，有數術略，有方技略。今删其要，以備篇籍。）據漢志，則左明爲與孔子同時之魯太史。（註一）

蔣伯潛說：

「據班、劉之說，則左丘明爲魯太史，曾與孔子觀魯史記；且謂好惡同於聖人，當卽是論語公冶長之左丘明。論語記孔子之言曰：巧言、令色、足恭，左丘明恥之，丘亦恥之；匿怨而友其人，左丘明恥之，丘亦恥之。照孔子的語氣看來，似乎左丘明是孔子的前輩，至少是同輩的人。而左傳末了，記魯悼公四年的事。按史記魯世家，悼公在位三十七年，其卒，當在哀公十六年孔子卒後十八年。趙襄子卒，更在其後，上距孔子卒已五十六年了。今左傳並稱其謚，則左丘明當卒於魯悼公及趙襄子之後。孔子卒時，年七十三。卽令左丘明少孔子二十歲。則其年也已過百歲了。而且，如漢志所說，丘明恐弟子失其眞，故論本事而作傳，明夫子不以空言說經，則又似左丘明爲孔子後輩，甚且爲孔子弟子。那麼史記仲尼弟子列傳中，何以把這樣重要的一位高足漏列？論語裏除上引一條外，也不見他的姓名呢？史記太史公自序及報任安書裏曾有兩句同樣的話；左丘失明，厥有國語。報任安書下文又云：乃如左丘明無目。照司馬遷這幾句話看，似乎左丘二字相連，是双姓了。可是左傳又並不稱左丘傳呀！按元和姓纂有左丘氏，且云：齊國臨淄縣有左丘。通志氏族略亦云：論語之左丘明，居於左丘，以地爲氏。但所謂左丘氏除左丘明一人外，又何以並無他人？所以左丘明究竟是左氏名丘明呢？還是左丘氏名明呢？至今還無從懸斷。」

公治長篇這章書提到的左丘明，究爲何許人？由於生平事蹟根本已無可考，因此，只能從常理判斷；但有一點是不容置疑的，那就是：它成了後世許多無稽的附會的基礎，漢志便是典型的代表。關於這一點，蔣伯潛的辯駁，最爲近理：

「如漢志所說，丘明恐弟子失其眞，故論本事而作傳，明夫子不以空言說經。則又似左丘明爲孔子後輩，甚且爲孔子弟子。那麼史記仲尼弟子列傳中，何以把這樣重要的一位高足漏列？」

可見以左丘明爲孔子後輩或孔子弟子的說法是說不通的。

這章書照孔子的語氣看來，完全是「竊比於我老彭」的味道，趙匡的說解通情達理，想必人人都可以接受：

「論語左丘明恥之，丘亦恥之。夫子自比，皆引往人，故曰：竊比於我老彭。又說伯夷等六人云：我則異於是。並非同時人也。丘明者蓋夫子以前賢人，如史佚、遲任之流，見稱於當時爾。」

註　一：見蔣伯潛著經與經學。

二十二、管仲論

憲問篇：

子路曰：「桓公殺公子糾，召忽死之，管仲不死。曰：未仁乎？」子曰：「桓公九合諸侯，不以兵車，管仲之力也。如其仁！如其仁！」

子貢曰：「管仲非仁者與？桓公殺公子糾，不能死，又相之。」子曰：「管仲相桓公，霸諸侯，一匡天下，民到于今受其賜！微管仲，吾其被髮左衽矣！豈若匹夫匹婦之爲諒也，自經於溝瀆而莫之知也。」

按管仲與公子糾事始末，詳見左傳及史記。今撮其要於后：

齊僖公生諸兒、糾、小白。僖公卒，諸兒立，是爲襄公。襄公無道，鮑叔牙知亂將作，奉小白奔莒。及襄公從弟無知弒公自立，召忽，管仲奉糾奔魯。齊人殺無知，小白自莒先入，立爲桓公。魯以師納糾。齊師敗之乾時。齊使魯殺糾，執管，召送之齊。召忽自殺。管仲囚而至齊，桓公釋而相之。

（註一）

故

子路疑管仲忘君事讎，忍心害理，不得為仁也。

子貢意不死猶可，相之則已甚矣。（註 二）

子路疑其未仁，子貢疑其非仁。

孔子則極言管仲之功，至謂：「微管仲，吾其被髮左衽矣。」推崇如此，誠屬罕見。

稽諸載記，管仲其人，「德不勝其才」，應屬不爭之事實：

集注：

或問管仲、子產孰優？曰：管仲之德不勝其才，子產之才不勝其德。然於聖人之學，則概乎其未有聞也。（註 三）

論語、八佾篇：

子曰：管仲之器小哉。或曰：管仲儉乎？曰：管氏有三歸，官事不攝，焉得儉？然則管仲知禮乎？曰：邦君樹塞門，管氏亦樹塞門；邦君為兩君之好有反坫，管氏亦有反坫。管氏而知禮，孰不知禮？

史記、管晏列傳：

『管仲曰：「公子糾敗，召忽死之，吾幽囚受辱，鮑叔不以我為無恥，知我不羞小節而恥功名不顯于天下也。」

是管仲之於德，其違闕者多矣。宜其不死子糾，子路、子貢同聲致討也。

太史公有言：「知死必勇，非死者難也，處死者難。」管仲之不死子糾，後世解者，執兩義為說：

有謂管仲之於子糾，未成爲君臣者：

何晏集解引王肅曰：

「管仲、召忽之於公子糾，君臣之義未正成，故死之未足深嘉，不死未足多非，死事既難，亦在於過厚，故仲尼但美管仲之功，亦不言召忽不當死。」

有以「桓兄糾弟」爲說者：

程伊川曰：

「桓公殺公子糾，管仲不死而從之，殺兄之人，固可從乎？曰：桓公，子糾，襄公之二弟也。桓公兄而子糾弟也。襄公死，則桓公當立，此以春秋知之也。春秋書桓公，則曰齊小白，言當有齊國也。于子糾，則止曰糾，不言齊，以不當有齊也；不言子，非君嗣子也。公、穀並注四處，皆書納糾，左傳獨書子糾，誤也。然書齊人取子糾，取之者，齊大夫嘗與魯盟于蔇。既欲納糾以爲君，又殺之，故書子是二罪也。管仲始事糾，不正也；終從于正，義也。召忽不負所事亦義也。如王珪、魏徵，不死建成之難，而從太宗，可謂害于義矣。」

又曰：

「桓公、兄也；子糾、弟也。仲私於所事，輔之以爭國，非義也。桓公殺之雖過，而糾之死實當。仲始與之同謀，遂與之同死可也。知輔之事爲不義，將自免以圖後功亦可也。故聖人不責其死，而稱其功。若使桓弟而糾兄，管仲所輔者正，桓奪其國而殺之，則管仲之與桓，不可同世之讎也。若計其後功而與其事桓，聖人之言，無乃害義之甚，啟萬世反覆不忠之亂乎？如唐之王珪、魏徵，不死建成之難，而從太宗，可謂害於義矣。後雖有功，何足贖哉？愚謂管仲有功而無罪，故聖人獨稱其功；王、魏先有罪而後有功，則不以相掩可也。」

朱子曰：

「召忽之失，在輔子糾以爭國，而不在於死；管仲之得，在九合之功，而不在於不死。仲之可以不死，正以小白兄而子糾弟耳。夫子特以忽之功無足稱，而其死不爲過；仲之不死亦未嘗害義，而其功有足褒爾。固非予仲之生，而貶忽之死也。」

顧炎武以爲：

「有謂管仲之於子糾，未成爲君臣者。子糾於齊、未成君，於仲與忽則成爲君臣矣。狐突之子毛及偃從文公在秦，而曰：今臣之子名在重耳有年數矣。（原注：漢晉以下，太子諸王與其臣皆定君臣之分，蓋自古相傳如此。）若毛、偃爲重耳之臣，而仲與忽不得爲糾之臣，是以成敗定君臣也，可乎？又謂桓兄糾弟，此亦强爲之說。」（註四）

然則管仲是否有可以「不死子糾」之理？此則端視「仁」之一字，究作何解？

朱子曰：

「仁之一字，以德而言，則必心無私而事當理，乃能當之。若言其功，則推利澤及人，有恩有惠，便可稱之。初不計德之如何也。」

陳新安曰：

「仁有以心術之精微言者，非大賢以上之安仁，不足以當之；有以事功之顯著言者，如管仲，有仁者之功，亦足以爲仁矣。」

仁之蔽，愚；而仁，非愚也。此所以「管仲之生愈於召忽之死也。」故顧炎武曰：

「君臣之分所關者在一身，華裔之防所繫者在天下。故夫子之於管仲，略其不死子糾之罪，而取其一匡九合之功，蓋權衡於大小之間，而以天下爲心也。夫以君臣之分，猶不敵華裔之防，而春秋之志可知矣。」（註五）

惟是「君臣之義，無所逃於天地之間。」（註六）遽謂「管仲無罪」，亦屬強詞：

宋史、儒林傳：

「邢昺受詔，與杜鎬等校定論語義疏。及成，並加勳階。上嘗問管仲、召忽皆事公子糾，小白之入，召忽死之，管仲乃歸齊相桓公，豈非召忽以忠死，而管仲不能固其節。爲臣之道，當若是乎？」

顧炎武綜論管仲一生事功，斷之曰：

「謂至於尊周室、存華夏之大功，則公子與其臣，區區一身之名分小矣。雖然，其君臣之分故在也。遂謂之無罪，非也。」

此說可爲定論。

註一：引自蔣伯潛。廣解四書。

註二：並見四書集注。

註三：見「或問子產。子曰：惠人也。」章集注。

註四：見日知錄卷七，「管仲不死子糾」條。

註五：仝右。

註六：黃宗羲語。見「原君」一文。

二十三、四科十哲辨

先進篇：

子曰：從我於陳、蔡者，皆不及門也。德行：顏淵、閔子騫、冉伯牛、仲弓。言語：宰我、子貢。政事：冉有季路。文學：子游、子夏。

世多以孔子弟子三千人，身通六藝者七十二人，其秀拔者曰十哲，即上述十人。

又有「四科以文爲後」之說

韓愈論語筆解云：

「德行科最高者，易所謂默而記之，故存乎德行，蓋不假乎言也。言語科次之者，易所謂擬之而後言，議之而後動，擬議以成其變化，不可爲典要，此則非政法所拘焉。政事科次之者，所謂雖無老成人，尚有典型，言非事文辭而已。文學科爲下者，記所謂離經辨志，論學取友，小成大成，自下而上升者也。」

潘恭叔以爲：十哲或以「學」言，或以「才」言：

「顏、閔、冉雍稱其學，宰我、子貢以下稱其才。顏閔四子非無才，才不足以名之，故所稱者學也。宰我以下非不學，學未至於成，故所稱者止于才也。皆舉其重者言之耳，然非由、賜、游、夏之徒，終身之事而止於所稱者而已也。蓋才有不同，學則無不同。因其才之偏，而抑揚進退之，教者之事也；因其才之偏而求有以化之，學者之事也。」

程顥以爲十哲之說，乃世俗之論

「四科乃從夫子於陳、蔡者爾，門人之賢者固不止此，曾子傳道而不與焉，故知十哲世俗之論也」。

楊龜山亦云：

「四科之目，不盡孔門弟子之賢，非可指爲定論。」

今以實事驗之，論語一書，記孔子弟子皆稱字，閔損、冉求二人各一稱子，惟有若、曾參二人皆稱子，編撰次第，又以有子、曾子之言爲第二章、第三章，顯係弟子門人尊此二人之故。

孟子、滕文公篇：

「他日，子夏、子張、子由，以有若似聖人，欲以所事孔子事之，彊曾子。曾子曰：不可。江漢以濯之，秋陽以暴之，皜皜乎不可尚已。」

黃震以爲：

「門人以有若言行氣象類孔子，而欲以事孔子之禮事之，有若之所學何如也？曾子以孔子自生民以來未之有，非有若之所可繼而止之，而非貶有若也。有若雖不足以比孔子，而孔門之所推，尙一時無及有若可知。」

顧炎武亦曰：

「論語首篇，卽錄有子之言者三，而與曾子並稱曰子，門人實欲以二子接孔子之傳者。傳記言孔子之卒，哀公誄；有若之喪，悼公弔焉。其爲魯人所重又可知矣。」

禮記、檀弓篇亦稱有子之言似孔子，然則何以亦不在十哲之列？

尋考公冶長篇：

宰予晝寢。子曰：朽木不可雕也，糞土之牆，不可杇也，於予與何誅？子曰：始吾於人也，聽其言而信其行；今吾於人也，聽其言而觀其行，於予與改是。

先進篇：

季氏富於周公，而求也爲之聚斂而附益之。子曰：非吾徒也，小子鳴鼓而攻之，可也。

權德輿曰：「攻冉求以鳴鼓，比宰我於朽木，言語、政事，何補於斯？」

由是可知十哲之說，乃世俗之見，非可指爲定論。

二十四、「片言可以折獄」、褒辭乎？貶辭乎？

顏淵篇：

子曰：片言可以折獄者，其由也與。子路無宿諾。

孔安國注：片猶偏也。聽訟必須兩辭以定是非，偏信一言以折獄者，惟子路可。

集注：片言，半言。折，斷也。子路忠信明決，故言出而人信服之，不待其辭之畢也。

朱子曰：半言，辭未畢而人已信之也。

輔慶源曰：忠信者折獄之本，明決者折獄之用。徒明決而不忠信，則無以孚於平昔；徒忠信而不明決，則無以斷於臨時。

蔡覺軒曰：忠信所以立於中，明決足以照乎外。忠信則人不忍欺，明決則人不能欺。

劉寶楠正義：

『御覽引鄭注云：「片讀爲半，半言爲單辭。折，斷也。惟子路能取信，所言必直，故可令斷獄也。」案：片、半一音之轉，故鄭注卽讀片爲半，推子路能取信者，言子路忠信，能取信於人也；所言必直，故可令斷獄者，言人旣信子路，自不敢欺，故雖片言，必是直理，卽可令依此斷獄也。

今案諸家之說，似皆持之有故，言之成理。然則訟爭之起，必是兩造各執一詞，所謂「公說公有

理，婆說婆有理」者是也，姑不論片言爲半言、爲單辭、或偏信一言，據以折獄，寧非失之草率？其

歐陽詹辭而闢之，以爲此章係夫子「有激於季路之云也」，片言之不可以折獄，乃必然之理，其說云：

『孔子說季路於人曰：「片言折獄者，其由也歟。」夫子之言，蓋有激於季路之云也。後之人不窮聖旨，以爲夫子美夫季路，任一時之見而輕折獄者有若是焉。迂哉斯人也。夫兩訟之爲獄，獄折而有刑，刑者侀也，侀者成也，一成而不可變，不其重歟。古之帝王，將刑一人，俟三槐、歷九棘，訊群臣，訊群吏，訊萬人，億兆絕議，然後治法。徇於朝，示於野，昭然於衆，方同棄之，示不易也。君莫聖於堯，加有舜、禹、稷、契佐之；莫明於舜，而有夔龍縉雲高陽佐之；莫哲於禹，莫賢於湯，莫察於文武，莫智於成康。於時皆濟濟盈朝，明明在位，豈無獨見，而可臆斷？愼刑之道如斯，不敢失明，刑獄不可輕也。凡至獄訟，多在小人，至於訟也，皆欲已勝，何則？不勝乃罪戾隨之，若然，則君子時或妄訟於人，未有小人而能自訟者。片之爲言偏也。偏言、一家之詞也。偏詞、雖君子不信之，矧非君子乎？且先師曰：「人而無恆，不可以作巫醫，善夫。」巫以鬼神占良，醫以筋脈占體，無恆之人，筋脈且不足以自體，而況訟乎？鬼神不足以爲占，而況視聽乎？以斯折獄也，小則肌膚必有扑抶之濫焉，大卽性命必有鈇鑕之冤焉。夫子祖述堯舜，憲章文武，師老聃之誨以崇周公之六人者，無一以傷於人者，夫子豈輕傷人哉？說夫子實謂片言可以折獄者，不幾乎一言可以喪邦歟？夫子之言，非苟然者，審之，片言不可以折獄，必然之理也。』

揆諸情理，事無兩造之辭，則獄有偏聽之惑，歐陽詹所論，誠爲卓見。考周禮、秋官、大司寇：「以兩造禁民訟，以兩劑禁民獄。」意謂使訟者兩至，獄者各齎劵書，既兩至兩劵書乃治之，不至及不劵書，則是自服不直者也。故知聽訟必須兩辭，方定是非，偏信一言，則是非難決。以是觀之，孔子說季路於人曰：「片言折獄者，其由也歟。」果褒辭乎？貶辭乎？可謂不辯自明。所謂「子路無宿諾」者，是記者因夫子之言，而記其亦有可取之處，初不謂子路以不留諾見信於人，遂遽以片言折獄，而孔子嘉之也。必如此說解，下章之「聽訟吾猶人也」，始有以見仲由之道爲未弘，數見責於夫子也。（註一）況子路平日強其所不知以爲知乎。

孟子曰：「左右皆曰可殺，勿聽；諸大夫皆曰可殺，勿聽；國人皆曰可殺，然後察之，見可殺焉，然後殺之。」愼刑之道如此，片言之不可以折獄，乃必然之理也。

註　一：以文勢論，若「片言可以折獄」爲褒辭，則下章：子曰聽訟吾猶人也。夫子亦以「片言折獄」乎？果爾，何以不曰：聽訟吾猶由也？張南軒曰：「記者以此承上章，有以見仲由之道爲未弘也。」邢疏：「此章孔子言己至誠也。言聽斷獄訟之時，備兩造，吾亦猶如常人，無以異也，言與常人同。」由於觀之，益見「片言可以折獄」之爲貶辭矣。

二十五、「子罕言利，與命，與仁」章辨

鄭汝諧論語意原序云：

「或問鄭子曰：論語之書，釋者甚多，子復爲之說，不亦贅乎？予曰：非贅也。聖人之言，溥博淵深，非若諸子可俄而測度也。漢唐以來，鮮有識其旨者，本朝二程、橫渠、楊、謝諸公，互相發明，然後此書之義顯。謂諸公有功於此書則可，謂此書之義備見於諸公之書則不可。何者？言有盡、旨無窮。譬之山海之藏，隨取而獲，取者雖夥，未見能竭其藏也。學者志於自得而已，徒取信於他人之得，不知反吾心以求其得，謂是口耳之學，君子無取焉。予於此書，少而誦，長而辨，研精覃思，以求其旨歸，積有年矣。日進月化，頗窺聖心之萬一，旣斷以己說，復附以諸公之說，理之所在，不知其出於人也，出於己也，期歸於當而已。雖然，予豈敢自以爲當哉？尚賴同志者有以敎之。」

「謂此書之義備見於諸公之書則不可。」以子罕篇第一章

「子罕言利，與命、與仁。」爲例

四書集注：

「罕、少也。程子曰：計利則害義，命之理微，仁之道大，皆夫子所罕言也。」

朱子曰：

「罕言者，不是不言，特罕言之耳。罕言利者，蓋凡做事，只循這道理做去，利自在其中矣：如利涉大川、利用行師。聖人豈不言利，但所以罕言者，正恐人求之則害義矣。命只是一個命，有以理言者，有以氣言者，天之所以賦與人者是理也，人之所以壽夭窮通者是氣也。理精微而難言，氣數又不可盡委之而至於廢人事，故聖人罕言之也。仁之理至大，數言之，不惟使人躐等，亦使人有玩之之心，蓋舉口便說仁，人便自不把當事了。

問竊謂夫子罕言者，乃放於利而行之利，若利用出入，乃義之所安處。曰：利用出入之利亦不可去尋討，尋討著便是放於利之利；如言利物足以和義，只云利物，不言自利。又曰：只元亨利貞之利，亦不可計較，計較著卽害義。爲義之人，只知有義而已，不知利之爲利。」

歐陽修亦張其說，以爲利、命、仁之爲道，淵深而難詳：

「夫利、命、仁之爲道也，淵深而難詳，若乃誘生民以至敎，周萬物而不遺，草木賁殖而不知所以遂其性，跂喙行息而不知所以達其樂，物性莫不欲茂，則薰之以太和；人情莫不欲壽，則濟之以不夭，滯者導之使達，蒙者開之使明，衣被群生，贍足萬類，此上之利下及於物，聖人達之以和於義也。則利之爲道，豈不大哉。函五行之秀氣，兼二儀之肖貌，稟爾至命，得之自天，厥生而靜謂之性，觸物而動感其欲，判而爲賢愚，誘而爲善惡，賢愚所以異，貴賤善惡所以定，吉凶貧富窮達死生夭壽，賦分而有定，循環而無端，聖人達之內，照乎神明；小人逆之外，滅於天理，則命之爲義，豈不達哉。又若兼百行以全美，居五常而稱首，愛人及物，力行而能近，守而行之，一日由乎復禮；推而引之，天下稱乎達道。則仁之爲理，豈不盛哉。噫！三者之說，誠皆聖人之深達，非難言之也。易曰：乾以美利利天下。又曰：利者義之和。中庸曰：天命之謂性。又曰：君子居易以俟命。繫辭曰：樂天知命故不憂。禮記曰：仁者天下之表。又曰：仁者右也。道者左也。酌是而論，則非不言也。然罕言及者，得非以利、命、仁之爲道，微而奧、博而遠，賢者誠而明之，不暇言之道也。愚者鮮能及之，雖言之弗可曉也。故曰：中人以上，可以語上；中人以下，不可語上。又曰：仁則吾不知者，舉一可知也。子貢以謂夫子之言性與天道，不可得而聞者，誠在是乎。然則利、命、仁之罕言，由此而見矣。」

如此說解，就算起朱熹、二程子與歐陽修於地下，也必將坦承注釋錯誤。

眞德秀嘗作修正，然猶不知「與」字作何解，故所論不僅强詞奪理，且自矛盾：

「仁者夫子所罕言。當時門人弟子，有問仁者、有問爲仁者，有問人之仁者，大約纔十餘章，而夫子所自言者，亦復亡幾，學者獨於是焉求之可乎？曰：不然。夫子之所罕言者，仁之體而已。至若求仁之方，爲仁之要，則擧凡二十篇之中，莫非是也。姑以首章言：其論學也，若無與乎仁，然時習之說，以熟乎仁而說也；朋來之樂，以輔乎仁而樂也；至於不知而不慍，則庶幾安乎仁矣。其他所論，有卽身而言者，有卽事而言者。卽身而言，仁之成乎身者也；卽事而言者，仁之達乎事者也。不特見於言者爲然，凡聖人之動容周旋，皆仁之符也。仕止久速，皆仁之則也。學者而有志於仁，舍是將奚先哉？」

果如其說，則孔子言仁所涵蓋之層面，不僅及於「求仁之方、爲仁之要」，且「有卽身而言者，有卽事而言者」，則仁之爲物，尚有餘蘊乎？如此，惡得謂「罕言」？

史繩祖始正其失，以爲論語中「與」字自作兩義：

學齋佔畢一「與命與仁別句」條云：

「論語謂：『子罕言利，與命與仁』。古注及諸家皆以爲三者子所希言，余獨疑之。利者，固聖人深恥而不言也。雖孟子猶言『何必曰利』，況聖人乎？故魯論中止言：『放於利而行，多怨。』及『小人喻於利。』之外，深斥之，而無言焉。至如命與仁，則自乾坤之元，孔子文言已釋爲『體仁』矣。又曰『乾道變化，各正性命。』曷嘗不言？且考諸魯論二十篇，問答言仁，凡五十三條，張南軒已集爲洙泗言仁，斷之曰言矣。又命字亦非一，如『道之將行？命也；道之將廢？命也。公伯寮其如命何？』又曰『亡之，命矣夫！』又曰『五十知天命。』又曰『死生有命。』又曰『不幸短命。』又曰『不知命，無以爲君子。』是豈不言哉？蓋子罕言者，獨利而已。當以此句作一義；曰命曰仁，皆平日所深與，此句別作一義。與者、許也。論語中與字自作兩義，如『吾與點也，』『吾無行而不與二三子者』，又『與其進也』，『與其潔也』，『吾非斯人之徒與而誰與』，『義之與比』，『丘不與易也』，『吾不與也。』等字，皆其比也。當以理推之。」

王叔岷先生以爲兩「與」字之義，尚可進一解：「與」當讀爲「舉」，「舉」猶「言」也。於理更洽：

「前儒注釋此文，大都以『罕言』兩字，兼利、命、仁三者言之，卽以兩與字爲聯詞。然論語中言利之文固少；言命、言仁之例則頗多，並以爲罕言，雖百端曲解，終覺未安。史氏以『子罕言利』爲一義；『與命與仁』別作一義，云『與者許也。』吾友楊希枚先生極贊其說，曾撰『論語子罕章句問題評斷』一篇，謂此文『應讀作：子罕言利；與命，與仁。意卽孔子贊言仁、命，而罕言利。與字爲動詞，卽贊譽、許與之與或譽。』蓋可謂決千古之疑者矣！惟兩與字之義，似尙可進一解，竊以爲與當讀爲舉，（周禮地官師氏：『王舉則從。』鄭注：『故書舉爲與。』史記呂后本紀：『蒼天舉直。』徐廣注：『舉，一作與。』並與、舉通用之證。）舉猶言也。（禮記雜記下：『過而舉君之諱則起。』鄭注：『舉猶言也。』）『與命、與仁』者，『言命、言仁』也。孔子罕言利；而言命、言仁。上用言字；下用兩與字，文義相同。偶檢宋羅泌路史發揮卷五大麓說云：『命者，安亂禦妄之正理也。論語二十篇，終之以『不知命；』而今之君子皆曰『孔子不言命。』夫命孔子之所與也，曷不言哉？』又有注云：與命、與仁。豈不言仁！』謂孔子言命、言仁。是也。」（註一）

平心而論，論語一書，無非言仁。所謂「二十篇之中，莫非是也。」斯語得之。蓋聖賢之書，其中必有體要：如明德爲大學之體要，誠爲中庸之體要，仁爲論語之體要，性善爲孟子之體要，以至五經，各有體要。體要者何？一理而足以該萬殊也。（註二）子罕章看似平淡無奇，只緣「與」字不得其解，遽以聯詞視之，致所爲說解，訛謬殊甚，後人習焉不察，以訛傳訛，竟致謬種流傳，如

蔣伯潛廣解四書：

「此章是弟子就孔子平日所言計之，利、命、仁三者皆罕言也。按易文言傳云：『利，義之和也。』

又云：『利物足以和義。』君子以義爲利，故言利必及義；蓋能利人物，然後爲義也。明於義利，故能喩義。小人則以利爲利，言利不及義；昧於義利，故祇喩利而不喩義。孔子未嘗不言利，易彖象傳中，言『利』者甚多，特以其理精微，故罕以語弟子耳。命爲性命天命之命。其理更爲微妙，故亦罕言；子貢言『夫子之言性與天道不可得而聞，』卽指此。仁，則本書所記已言之詳矣，亦曰罕言者，謂其不敢自居於仁，亦不輕以仁許人也。（此阮元說，見論語論仁論。）又按論語稽曰：『言者，自言也。罕、少也。稀也。子罕言者，記者旁窺已久，而見之之辭也。「利」者，人情之所欲；夫子渾然天理，故罕言『利』。『命』者，天命；夫子知其不可而爲之，故罕言『命』。『仁』者，此心生生不息之理；夫子謙不居聖仁，故罕言『仁』。此章之意，在記者觀夫子之自言，不在夫子之敎人。』說頗新而義亦長。」

觀蔣氏承訛襲謬而不自知，且猶振振有詞，曲爲之說，不惟厚誣聖人，且厚誣今人，此可以見解經之難。傅斯年先生嘗歎：「六經雖在專門家手中也是半懂半不懂的東西。」是則舊解之匡謬正說與新義之開發，俱屬今日刻不容緩之事。

註 一：見王叔岷先生論語斠理一文。

註 二：薛瑄說。

二十六、「正名」解

子路篇：

子路曰：衞君待子而爲政，子將奚先？子曰：必也正名乎？子路曰：有是哉？子之迂也，奚其正？子曰：野哉由也。君子於其所不知，蓋闕如也。名不正，則言不順；言不順，則事不成；事不成則禮樂不興；禮樂不興，則刑罰不中；刑罰不中，則民無所措手足。故君子名之必可言也，言之必可行也。君子於其言，無所苟而已矣。

馬融曰：正百事之名也。

皇侃疏：所以先須正名者，爲時昏禮亂，言語翻雜，名物失其本號，故爲政必以正名爲先也。所以下卷云：邦君之妻，君稱之曰夫人之屬，是正名之類也。

朱注：是時出公不父其父，而禰其祖，名實紊矣，故孔子以正名爲先。

「衞君待子而爲政」的環境是：

衞君出公輒乃衞靈公世子蒯聵之子，蒯聵惡靈公夫人南子淫亂，欲殺之，見逐於靈公。靈公欲立公子郢，郢辭。及靈公卒，南子又欲立郢，郢曰：「有亡人之子輒在。」乃立輒。靈公生於魯昭公二年，享年四十七。蒯聵有姊曰衞姬，而輒又爲蒯聵之子，則靈公卒時，輒年僅十歲左右耳。其二年，蒯聵入戚，衞人圍戚，此非輒之本意欲以武力拒父，而出於南子及其臣石曼姑等，灼然易見。蒯聵居戚至出公十四年，前後凡十三年，絕無舉動，殆輒能以國養耳。若輒公然拒父，孔子豈肯留衞爲公養之仕乎？孔子適衞時，輒年約十六七，欲用孔子，孔子知衞人雖藉口於輒受祖父之命以拒父，而輒尙有不忍於其父之心。（註一）

在這樣的政治環境之下，孔子提出「必先正名」的施政綱領，其設心注意，完全着眼於「端正人倫關係」，應屬毫無疑義。在這個基礎上看「正名」一詞，我們可以肯定的指出所謂「正百事之名」，所謂「正名字」，所謂「言語翻雜，名物失其本號」等等，全是謬說，全是無稽之談。這裏的「正名」一詞，指的是：「正名分」、「正君臣父子之大分。」

蔣伯潛說：

「正名者，卽上篇答齊景公所謂『君君，臣臣，父父，子子』也。蒯聵欲藉他國之力以與子爭國，則父不父矣。輒藉口受祖父之命以拒父，則子不子矣。正名云者，蓋欲有善處其父子之間，以弭將來不測之禍耳。」

朱注引胡氏曰：

「夫蒯聵欲殺母，得罪於父，而輒據國以拒父，皆無父之人也，其不可有國也明矣。夫子爲政，而以正名爲先，必將具其事之本末，告諸天王，請於方伯，命公子郢而立之，則人倫正、天理得，名正言順而事成矣。」

由此可見孔子以「正名分」爲先的施政主張，乃是正本清源之計；蓋「父不父則無道，子不子則不孝」，苟非正本清源，將何以號令於天下？所謂「君子務本，本立而道生」，即是說：人道之大經，乃政事之根本。這章書從「名不正，則言不順」以下，一層衍生一層惡果；從「君子名之必可言也」以下，一層衍生一層善果，便是「本立而道生」的最好說明。

因之「正名」指的是「正君臣父子之大分」，不容有異說。

註　一：見蔣伯潛廣解四書。

二十七、再論「正名」問題

「正名」問題，前篇已列專章論述，未了之意，茲爲補足。

前文筆者曾提出「正名」一詞，指的是「正名分」、「正君臣父子之大分」，絕不容有異說。這是因爲孔子的「正名」主張，完全是針對衛國當時的政治環境而發。蒯聵父子爭國，俱不得其正，據

春秋經哀公二年：晉趙鞅帥師納衛世子蒯聵於戚。

公羊傳曰：戚者何？衛之邑也。曷爲不言入于衛？父有子，子不得有父也。

穀梁傳曰：納者內弗受也。帥師而後納者，有伐也。何用弗受也？以輒不受也。以輒不受父之命、受之王父也。信父而辭王父，則是不尊王父也。其弗受以尊王父也。

公、穀兩傳，雖各自立說，然皆主孔子以「名分」相繩。所以然者，實因「名」爲吾人行爲之標準。（註一）齊景公問政，孔子便逕以「君君、臣臣、父父、子子」作答，蓋君君、則權不下移；臣臣、則勢不上逼；父父、則恩不偏嬖；子子、則愛不奪嫡。君臣父子，安名守分，則人倫正；人倫明於上，則小民親於下。（註二）孔子純就當時政治環境，言措置當然之理，不計衞君之用與不用也。

（註三）梅思平曾指出：孔子對國際問題及政權問題的意見是：

「他想拿制度的形式來恢復制度的實際。」

「他以爲如果把名分表彰出來，那些放肆的君主及亂臣賊子一定會顧名思義而有所反省。他以爲周天子如果依他的名分，恢復他的最高權力，那國際戰爭的慘禍就可以免除了。各國君臣如果都依他們的名分，固守他們的職位，一切國內的篡弒爭奪也都可以免除了。」（註四）

憲問篇：

陳成子弒簡公。孔子沐浴而朝，告於哀公曰：陳恆弒其君，請討之。公曰：告夫三子。孔子曰：以吾從大夫之後，不敢不告也。君曰：告夫三子者。之三子告。不可。孔子曰：以吾從大夫之後，不敢不告也。

此可以見孔子對「名分」之執着。良由「名分」之關係人、國，乃治亂興衰、生死存亡之所寄。昔司馬公作通鑑，託始韓、趙、魏三國列爲諸侯，而暢申「名分」之理，最能發明孔子爲政必先「正名」之微旨：

「臣聞天子之職莫大於禮，禮莫大於分，分莫大於名。何謂禮？紀綱是也。何謂分？君、臣是也。何謂名？公、侯、卿、大夫是也。

夫以四海之廣，兆民之衆，受制於一人，雖有絕倫之力，高世之智，莫不奔走而服役者，豈非以禮爲之紀綱哉！是故天子統三公，三公率諸侯，諸侯制卿大夫，卿大夫治士庶人。貴以臨賤，賤以承貴。上之使下猶心腹之運手足，根本之制支葉，下之事上猶手足之衞心腹，支葉之庇本根，然後能上下相保而國家治安。故曰：天子之職莫大於禮也。

文王序易，以乾、坤爲首。孔子繫之曰：天尊地卑，乾坤定矣。卑高以陳，貴賤位矣。言君臣之位猶天地之不可易也。春秋抑諸侯，尊王室，王人雖微，序於諸侯之上，以是見聖人於君臣之際，未嘗不惓惓也。非有桀紂之暴，湯武之仁，人歸之，天命之，君臣之分當守節伏死而已矣。是故以微子而代紂則成湯配天矣，以季札而君吳，則太伯血食矣，然二子寧亡國而不爲者，誠以禮之大節不可亂也。故曰：禮莫大於分也。

夫禮，辨貴賤，序親疏，裁群物，制庶事，非名不著，非器不形；名以命之，器以別之，然後上下粲然有倫，此禮之大經也。名器既亡，則禮安得獨在哉！昔仲叔于奚有功於衞，辭邑而請繁纓，孔子以爲不如多與之邑。惟名與器，不可以假人，君之所司也；政亡則國家從之。衞君待孔子而爲政，孔子欲先正名，以爲名不正則民無所措手足。夫繁纓，小物也，而孔子惜之；正名，細務也，而孔子先之；誠以名器既亂則上下無以相保故也。夫事未有不生於微而成於著，聖人之慮遠，故能謹其微而治之，衆人之識近，故必待其著而後救之；治其微則用力寡而功多，救其著則竭力而不能及也。易曰：履霜堅冰至。書曰：一日二日萬幾。謂此類也。故曰分莫大於名者也。

嗚呼！幽厲失德，周道日衰，綱紀散壞，下陵上替，諸侯專征，大夫擅政，禮之大體什喪七八矣，然文武之祀猶緜緜相屬者，蓋以周之子孫尚能守其名分故也。何以言之？昔晉文公有大功於王室，請隧於襄王，襄王不許，曰：王章也。未有代德而有二王，亦叔父之所惡也。不然，叔父有地而隧，又何請焉？文公於是懼而不敢違。是故以周之地，則不大於曹、滕，以周之民則不衆於邾、莒，然歷數百年，宗主天下，雖以晉、楚、齊、秦之强不敢加者，何哉？徒以名分尚存故也。至於季氏之於魯，田常之於齊，白公之於楚，智伯之於晉，其勢皆足以逐君而自爲，然而卒不敢者，豈其力不足而心不忍哉？乃畏奸名犯分而天下共誅之也。今晉大夫暴蔑其君，剖分晉國，天子既不能討，又寵秩之，使列於諸侯，是區區之名分復不能守而並棄之也。先王之禮於斯盡矣！

或者以爲當是之時，周室微弱，三晉强盛，雖欲勿許，其可得乎？是大不然。夫三晉雖强，苟不顧天下之誅而犯義侵禮，則不請於天子而自立矣。不請於天子而自立，則爲悖逆之臣，天下苟有桓文之君，必奉禮義而征討之。今請於天子而天子許之，是受天子之命而爲諸侯也，誰得而討之？故三晉之列於諸侯，非三晉之壞禮，乃天子自壞之也。

嗚呼！君臣之禮既壞矣，則天下以智力相雄長，遂使聖賢之後爲諸侯者，社稷無不泯絕，生民之類糜滅幾盡，豈不哀哉！」

司馬公所論，可一言以蔽之，曰：「名分」乃人道之大經，政事之根本。「惟名與器，不可以假人。」「誠以名器既亂則上下無以相保故也。」嚴「名分」之防，所以禁邪說暴行，亂臣賊子，此為孔子「正名復禮」精神之所託。先儒以孔子「志在春秋，行在孝經。」修春秋以正君臣父子之法，又慮雖知其法，未知其行，遂說孝經一十八章，以明君臣父子之行所寄。知其法者修其行，知其行者謹其法。故曰：「春秋與孝經實相表裏。」（註五）明乎此，始可與言「正名」也已矣。

註一：見馮友蘭孔子在中國歷史中之地位一文。

註二：見孟子滕文公上篇。

註三：竹添光鴻之說也。見論語會箋。

註四：見梅思平春秋時代的政治和孔子的政治思想一文。古史辨第二冊。

註五：見邢昺孝經注疏序。

二十八、三論「正名」問題

三論「正名」問題，旨在辨正後人穿鑿附會的謬說。

胡適、中國古代哲學史：

『春秋正名的方法，可分三層說：

第一：正名字：春秋的第一個方法，是要訂正一切名字的意義。這是言語學、文法學的事業。今舉一例。春秋說：

僖公十有六年，春、王正月、戊申朔，隕石於宋，五。……是月，六鷁退飛，過宋都。

公羊傳：曷爲先言隕而後言石？隕石記聞，聞其磌然，視之則石，察之則五。是月者何？僅逮是月也。……曷爲先言六而後言鷁？六鷁退飛，記見也；視之則六，察之則鷁，徐而察之，則退飛。……

穀梁傳：隕石於宋、五。先隕而後石，何也？隕而後石也。於宋四境之內曰宋。後數，散辭也，耳治也。是月也，六鶂退飛；過宋都。是月也，決不日而月也。六鶂退飛過宋都，先數，聚辭也，目治也。……君子之於物，無所苟而已。石鶂且猶盡其辭，而況於人乎？故五石六鶂之辭不設，則王道不亢矣。

董仲舒春秋繁露深察名號篇：春秋辨物之理以正其名，名物如其眞，不失秋毫之末，故名隕石則後其五，言退鷁則先其六。聖人之謹於正名如此。君子於其言，無所苟而已矣。五石六鷁之辭是也。

「春秋辨物之理以正其名，名物如其眞」，這是正名的第一義。古書辨文法上詞性之區別，莫如公羊、穀梁兩傳。公羊傳講詞性更精。不但名詞、動詞、分別得詳細，並且把狀詞、介詞、連詞之類，都仔細研究文法上的作用。所以我說春秋的第一義，是文法學，言語學的事業。』

蔣伯潛的十三經概論，與胡適唱同一調調：

『春秋之正名，也以正名字為第一步。僖公十六年經曰：「春、王正月，戊申，朔，隕石于宋五。……是月，六鷁退飛過宋都。」此二條所記，並非大事，而說春秋者重視之。公羊傳曰：

曷為先言隕而後言石？隕石，記聞。聞其磌然，視之則石，察之則五。……曷為先言六而後言鷁？六鷁退飛，記見也。視之則六，察之則鷁，徐而察之則退飛。……

穀梁傳釋此二條亦頗精：

隕石於宋，五。先隕而後石，何也？隕而後石也。于宋四境之內，曰宋。後數，散辭也，耳治也。六鶂退飛過宋都。先數，聚辭也，目治也。……君子之於物，無所苟而已。石鶂且猶盡其辭，而況於人乎……

「耳治」即是「記聞」；「目治」即是「記見」。「散辭」，謂用於句末作補助語之數詞，其後無名辭；「聚辭」，謂用於名詞之前，形容名詞之數詞。董仲舒春秋繁露之深察名號篇，亦舉此為例，以贊春秋，曰：

「春秋辨物之理以正其名，名物如其眞，不失秋毫之末；故名隕石則後其五，言退鷁則先其六。聖人之謹於正名如此。君子之於言，無所苟而已矣。五石六鷁之辭是也。」

此春秋正名之第一義也。春秋於名字之謹嚴既如此，故公羊、穀梁二傳之釋春秋，於其文法詞性皆極注意。』

其實，「五石六鷁」問題，顧炎武日知錄辨之已詳，胡蔣兩氏，視而不見，實為不可原諒的錯誤。

日知錄：「公穀二傳，相傳受之子夏。然而齊魯之間，人自爲師，窮鄉多異，曲學多辨，其穿鑿以誤後人者不少。且如隕石于宋五，六鷁（原注：左氏、公羊作鶂）退飛過宋都，此臨文之不得不然，非史云五石，而夫子改之石五；史云鷁六，而夫子改之六鷁也。穀梁子曰：隕石于宋五，後數，散辭也。六鷁退飛過宋都，先數，聚辭也。天下之達道五，所以行之者三，其散辭乎？凡爲天下國家有九經，其聚辭乎？初九潛龍，後九也。九二見龍，先九也。世未有爲之說者也。石無知，故日之；然則梁山崩不日，何也？鷁微有知之物，故月之。然則有鸜鵒來巢，不月，何也？」

二十九、論「素王、改制」之說其來有自

子罕篇：

子疾病，子路使門人爲臣。病間，曰：久矣哉，由之行詐也。無臣而爲有臣，吾誰欺？欺天乎？且予與其死於臣之手也，無寧死於二三子之手乎，且予縱不得大葬，予死於道路乎？

何晏集解：鄭曰：「子路欲使弟子行爲臣之禮也。」（註一）

韓愈論語筆解云：「先儒多惑此說，以謂素王、素臣，後學由是責子路欺天。」

衛靈公篇：

顏淵問爲邦。子曰：行夏之時，乘殷之輅，服周之冕，樂則韶舞。放鄭聲，遠佞人；鄭聲淫，佞人殆。

皮錫瑞說：春秋改制，猶今人言變法，損益四代，孔子以告顏淵，其作春秋亦卽此意。則此二章，實卽後世「素王、改制說之所由起。其後治孔學者敷演其義，卽據此二章爲說也：

關於「素王」：

家語、本姓解：「齊太史子餘見孔子，退曰：或者天將欲與素王之乎？夫何其聖也。」

董仲舒對策曰：「孔子作春秋，先正王而繫以萬事，見素王之法焉。」

賈逵春秋序曰：「孔子覽史記，就是非之說，立素王之法。」

盧欽公羊傳序曰：「孔子自因魯史而修春秋，制素王之法。」

杜預春秋左傳序：「說者以仲尼自衞反魯，脩春秋，立素王。」

關於「改制」：

程子曰：「夫子作春秋，爲百王不易之大法。斯道也惟顏子嘗聞之矣。行夏之時、乘殷之輅、服周之冕，樂則韶舞。此其準的也。後世以史視春秋，謂褒善貶惡而已，至於經世之大法，則不知也。春秋大義，炳如日星，乃易見也。惟其微辭隱義，時措咸宜者爲難知也。或抑或縱、或予或奪、或進或退、或微或顯，而得乎義理之安，文質之中，寬猛之宜，是非之公，乃制事之權衡，揆道之模範也。」

皮錫瑞以爲：『程子曰：「作春秋爲百王不易之大法」；非卽「作春秋、垂空言以斷禮義，當一王之法」之旨乎？引行夏之時四語爲證，非卽損益四代，變周之文從殷之質之旨乎？』

程子又曰：「問政多矣，惟顏淵告之以此，蓋三代之制，皆因時損益，及其久也，不能無弊；周衰，聖人不作，故孔子斟酌先王之禮，立萬世常行之道，發此以爲之兆耳。由是求之，則餘皆可考也。」

胡雲峯曰：「須看斟酌二字，以三代正朔斟酌之，不如夏之時得其正；輅至周而過侈，斟酌之，不如從殷之爲得其中；冕自黃帝已有之，至周而其制始備，斟酌之，不如從周爲得其中；自堯舜湯武皆有樂，斟酌之，不如韶樂之盡善盡美，夫子姑舉此四者以例其餘，皆當如此斟酌而行之也。」

尹焞曰：「此所謂百王不易之大法，孔子之作春秋，蓋此意也。孔、顏雖不得行之於時，然其爲治之法，可得而見矣。」

張南軒曰：「聖人監四代之事而損益之，以爲百王不易之典此其大綱也。其綱見於此，而其目則著於春秋，以此答顏淵，惟顏子可以與於斯也。」

皮錫瑞統合衆說，以爲「素王、改制」之義不必疑，孔子雖無改制之權，而不妨爲改制之言，所謂「立言不爲一時」者是，其說云：

「史記自序引壺遂曰：孔子之時，上無明君，下不得任用，故作春秋，垂空文以斷禮義，當一王之法。………云垂空文，當一王之法，則知素王、改制之義不必疑矣。春秋有素王之義，本爲改法而設，後人疑孔子不應稱王，不知素王本屬春秋，而不屬孔子。疑孔子不應改制，不知孔子無改制之權，而不妨爲改制之言。所謂改制者，猶今人之言變法耳。法積久而必變，有志之士，世不見用，莫不著書立說，思以其所欲變之法，傳於後世，望其實行。自周秦諸子，以及近之船山，亭林、梨洲、桴亭諸公皆然。亭林日知錄明云：立言不爲一時。船山著黃書噩夢，讀者未嘗疑其僭妄，何獨於孔子春秋，反以僭妄疑之？春秋變周之文，從殷之質，或疑孔子自言從周，何得變周從殷？不知孔子周人，平日行事，必從時王之制，至於著書立說，不妨損益前代；顏子問爲邦，子兼取虞夏殷周以答之，此損益四代之明證，………正如今人生於大清，衣冠禮節，必遵時制，若著書言法政，則不妨出入：或謂宜從古制，或謂宜采西法。聖人制法，雖非後學所敢妄擬，然自來著書者莫不如是，特讀者習而不察耳。春秋所以必改制者，周末文勝，當救之以質，當時老子、墨子、子桑伯子、棘子成皆已見及之。春秋從殷之質，亦是此意。………惟作春秋立法以待後王，可自爲制法之主耳。謂春秋皆本魯史舊文，孔子何必作春秋？謂春秋皆用周時舊法，孔子亦何必作春秋？」(註二)

參以王禹偁：「仲尼爲素王賦」，則孔子所以成至聖之功，豈不在「素王、改制」乎！

「鳳鳥不至兮、河不出圖；聖人無位兮、立教崇儒。道之將行，但棲遲而歷聘；民受其賜，猶南面以稱孤，有以見同乎王者。孰云乎？蓋出司徒者也。原其運屬陵遲，力興儒術，道將侔於皇極，化實行於黔庶。文行忠信，設萬世之紀綱；禮樂詩書，崇百王之法度。於斯時也，魯道有蕩，周德下衰，言念萬國，將同四夷，不有聖也，誰其敎之。我所以行敎化、序尊卑，造次顚沛兮於是，東西南北兮忘疲，用能定君臣父子之道，述皇王帝覇之基，夫如是，則士無二以並矣。位通三兮偉而異，夫振乃素風、齊諸大寶。贊易象兮奉人時，修春秋兮行天討。講於洙水、初彰化下之功；登彼泰山，宛契升中之道。自然其敎，斯廣其號，稱尊豈止同明於日月，亦將比德於乾坤。居無求安，四載之勤勞是效；弋不射宿，三驅之田獵斯存。蓋由宅一畝以卑宮，佩五常而克己。其位也，困於陪臣；其道也，齊乎天子。列四科而升十哲，元凱何殊；誅正卯而斬俳優，四凶窃比。聖德洋洋，同諸帝王。行束脩而陳玉帛，端逢掖而垂衣裳。夢見周公，求傅巖而允理；問於老子，師尙父而彌光。大哉！道濟古今，敎流華夏。瞻不泯之廟貌，若無疆之宗社。悲夫！黃農虞夏歿兮，千齡萬禩，獨此一儒者。」

要之，「子路使門人爲臣」章，爲後世「素王」說之先導，觀孔子答語：「久矣哉，由之行詐也，無臣而爲有臣，吾誰欺？欺天乎？」「且予縱不得大葬」云云，則孔子「不敢爲王」之意，顯然可見。況「大葬」一詞，各家俱以「君臣禮葬」解之乎？由是推演，迨孔子成春秋，「素王說」遂臻成熟。（註三）

答「顏淵問爲邦」章，則是「孔子改制」說之濫觴，孔子以周人而竟「監四代之事以損益之」，此非改制而何？「其綱既見於此」，自必有以著其目，於是而有春秋之作。（註四）

二義錯綜，相互爲用，故壺遂曰：「孔子之時，上無明君，下不得任用，故作春秋，垂空文以斷禮義，當一王之法。」「素王、改制」之說，至此乃完全確立。

孟子以孔子作春秋，媲美禹抑洪水，周公兼夷狄驅猛獸，而爲集群聖之大成，推尊可謂至矣。

吾故曰：「素王、改制」之說其來有自，不必疑，亦無可疑。

註一：鄭玄六藝論謂「孔子自號素王。」

註二：此段刪節皮錫瑞經學通論，春秋之部，「論春秋改制猶今人言變法損益四代孔子以告顏淵其作春秋亦即此意」條。

註三：「久矣哉，由之行詐也。」邢疏云：「言子路久有是詐欺之心，非今日也。故云久矣哉，由之行詐也。」朱子亦曰：「久矣哉，不特指那一事，是指從來而言。」據此，則子路使門人爲臣，各家以「本謂家臣之臣，以孔子嘗爲司寇也」解之，固非也；以「夫子時已去位，無家臣，子路欲以家臣治其喪」解之，尤非也。皆與下文「君臣禮葬」不應。

註四：朱子以爲：「孔子之事，莫大於春秋」。皮錫瑞曰：「孔子空言垂世，所以爲萬世師表者，首在春秋一書；孟子推孔子作春秋之功，可謂天下一治，比之禹抑洪水，周公兼夷狄，驅猛獸。」又曰：「春秋微言，在改立法制。」

三十、詩、樂分合問題

子罕篇：子曰：吾自衞反魯，然後樂正，雅頌各得其所。

沈懋孝曰：「昔者仲尼正樂，其時六代完音具在，樂官如摯、如干、如襄、如曠，皆能習其鏗鏘鼓舞唱和抗墜之節，大聖審音知樂，第爲之釐次雅頌之所爾，無更其舊也。」

胡寅曰：「禮樂之書，其不知者指周官戴記爲禮經，指樂記爲樂經。其知者曰：禮樂無全書。此考之未深者。孔子曰：吾自衞反魯，然後樂正，雅頌各得其所。是詩與樂相須，不可謂樂無書。樂記則子夏所述也。」

禮記經解篇舉六經之名有樂，於是樂經已亡或樂本無經，便成聚訟不決之問題。謂樂必有經，其經又至今幸而未亡者，蓋本之漢書藝文志：

「漢興，制氏以雅樂聲律，世在樂官，頗能紀其鏗鏘鼓舞，而不能言其義。六國之君，魏文侯最爲好古，孝文時得其樂人竇公，獻其書，乃周官大宗伯之大司樂章也。」然周官乃末世瀆亂不驗之書，其說自不足據。（註一）今考論語一書，夫子論樂，見於：

八佾篇：子謂「韶，盡美矣，又盡善也。」

同　篇：「關雎樂而不淫，哀而不傷。」

泰伯篇：「師摯之始，關雎之亂，洋洋乎盈耳哉！」

述而篇：子在齊聞韶，三月不知肉味，曰：「不圖爲樂之至於斯也！」

同　篇：子與人歌而善，必使反之而後和之。

衞靈公篇：顏淵問爲邦，子曰：「……樂則韶舞。」

陽貨篇：樂云樂云，鐘鼓云乎哉！

則樂本無經，顯然可見。荀子曰：「詩者、中聲之所止也。」太史公謂：「詩三百篇，孔子皆弦歌之，以求合於韶武雅頌之音」是也。

葉時曰：

「世儒嘗恨六經亡樂書，然樂不可以書傳也。何則？樂有詩而無書，詩存則樂與之俱存，詩亡則樂與之俱亡，詩也者，其作樂之本與。樂田詩作，故可因詩以觀樂，無詩則無樂矣。韶至齊而猶聞，必韶樂之詩尚存也；濩至魯而猶見，必濩樂之詩未泯也。觀乎周之太師，掌六律六同五聲八音以爲樂，而必教以六詩，瞽矇掌鼗鼓柷敔簫管，則必諷誦詩，此則詩之所以爲樂也。太師曰：大祭祀帥瞽而登歌，此登歌之有詩也。鐘師則以鐘鼓奏九夏，此鐘鼓之有詩也。籥章則掌龡豳詩豳頌，此龡籥之有詩也。祭祀則王出入奏王夏，尸出入奏肆夏，牲出入奏昭夏，是祭樂有詩也。大射則王以騶虞爲節，諸侯貍首，大夫采蘋，士采蘩，是射樂有詩也。凡樂儀行以肆夏，趨以采薺，車亦如之，是車行有詩也。學士歌徹，則徹樂亦有詩。軍獻凱歌，則凱樂亦有詩。四夷聲歌，則夷樂亦有詩。至如大司樂奏六律，則歌大呂、歌應鐘、歌南呂、歌函鐘、歌小呂、歌夾鐘，是十二律皆有詩歌也。古人以詩爲樂，詩存則古樂傳，詩亡則古樂廢。今不以樂詩不存爲憾，而徒以樂書不傳爲恨，豈知先王作樂之本哉。」

劉濂曰：

「六經缺樂經，古今有是論矣。愚謂樂經不缺，三百篇者樂經也，世儒未之深考耳。」（註二）

考泰伯篇，夫子有「興於詩、立於禮！成於樂」之言，此則顧炎武辨之詳矣：

「歌者爲詩，擊者拊者吹者爲器，合而言之謂之樂。對詩而言，則所謂樂者八音。『興於詩，立於禮，成於樂』是也。分詩與樂言之也。專擧樂則詩在其中，『吾自衞反魯，然後樂正，雅頌各得其所』是也。合詩與樂言之也。詩三百篇，皆可以被之音而爲樂。自漢以下，乃以其所賦五言之屬爲徒詩，而其協於音者則謂之樂府。宋以下，則其所謂樂府者，亦但擬其辭，而與徒詩無別。於是乎詩之與樂，判然爲二，不特樂亡而詩亦亡。」（註三）

顧氏此論，可以折諸家之平。

註　一　毛奇齡經問：「周禮爲周末秦初儒者所作，謂之周人禮則可，謂之『僞周禮』則不可。以並無有「周禮」一書，而此竊襲之以假其文也。是以是書在前，亦早有知其非者。如漢林孝存稱爲「末世瀆亂不驗之書」，何休斥之爲「六國陰謀之書」，惟鄭康成獨論著之，過尊爲「周公致太平之跡。」周禮不明，禮記雜篇皆戰國儒者所作，而儀禮、周禮則又在周之季，呂覽之前。故諸經說禮皆無可據，而漢世註經者，必雜引三禮以爲言，此亦不得已之事，原非謂此聖人之經，不刊之典也。若或又謂是書出於漢孝成之世，係漢人所作，並非周人則不然。」賈公彥序周禮廢興云：「周官孝武之時始出，祕而不傳，至劉歆校理祕書，始得列序，著於錄略。時衆儒並出，共排以爲非。」

註　二　見劉濂樂經元義。

註　三　見日知錄。

三十一、刪詩辨

陸奎勳詩學總論云：

『雅言之教，以詩爲首。舉其數曰三百，揭其要曰：「思無邪。」備其功用曰：「興、觀、群、怨，事父、事君，多識鳥獸草木。」其散於孝經、載記、諸子百家者，不可殫述。能知聖人言詩之妙，雖廢史遷刪詩之說可也。』

然則孔子是否有刪詩之事？

崔述曰：

『孔子刪詩，孰言之？孔子未嘗自言之也。史記言之耳。孔子曰：「誦詩三百。」孔子未嘗刪也。學者不信孔子所自言，而信他人之言，甚矣其可怪也。』

魏源曰：

「夫子有正樂之功，無刪詩之事。夫刪詩之說何昉乎？自周秦諸子，齊魯韓毛四家，以及董仲舒、劉向、楊雄、班固之著述，皆未嘗及。惟史遷因夫子刪書，而並爲刪詩之說：謂古詩三千，孔子去其重，取可施於禮義者，凡三百五篇。是說也、孔穎達卽疑之，謂書傳所引，多存少佚，不應夫子十去其九。今考國語引詩三十一條，惟衞彪傒引武王飫歌，及重耳賦河水爲逸詩，而韋注又以河水卽沔水，則是逸者僅三十之一也。左氏引詩二百十七條，其間丘明自引，及述孔子之言者四十有八，而逸詩不過二條。列國公卿引詩百有一條，而逸詩不過五條。列國公卿宴享歌詩贈答七十條，而逸詩不過三條。是逸詩不及今詩二十之一也。使古詩果三千有餘，則自后稷以及殷周之盛，幽厲之衰，家絃戶誦，所稱引宜十倍於今；以是推之，其不可通一也。古詩之不可刪者，莫如官禮樂章之宜備，莫如國風正變之宜賅，使所見果有三千之全，而昭代樂章，尙大半不與焉；列國正變之風，又大半不與焉；則竹簡充棟果皆何詩？豈元公制作，尙煩甄別？且季札觀樂，何已無出十五國耶？其不可通二也。至宋歐陽氏，刪章刪句刪字之云者，姑無論素絢尙絅，未爲聖論所非；唐棣懷人，本自斷章取義，彼室邇人遠，曷嘗不存於詩？雲漢、小弁，何嘗不煩逆志？矧夫助語單文，三引三異，盡謂害詞害志，毋乃高叟復生？其不可通三也。然則史記謂古詩三千者，殆猶書緯稱孔子得黃帝之孫帝魁之書，迄于秦穆公，凡三千三百四十篇，孔子刪之，爲尙書百二十篇，以十八篇爲中候；又春秋緯稱孔子將修春秋，使子夏等求得百二十國之寶書，今春秋所載諸國不及二十。古詩三千，殆亦是類。皆秦漢學者侈言匪實，史遷襍采輕信，而遽謂出魯詩，過矣。」

方玉潤曰：

「或又謂古詩三千餘篇，孔子刪之存三百五篇；集傳承之，遂謂孔子既不得位，無以行帝王勸懲黜陟之政，於是特舉其籍而討論之，去其重複，正其紛亂，以從簡約，而示久遠，是又以三百之編，屬孔子矣。何紛紛無定解若是歟？且孔子未生以前，三百之編已舊；孔子既生而後，三百之名未更。

吳公子季札，來魯觀樂，詩之篇次，悉與今同，其時孔子年甫八歲，迨杏壇設教，恒雅言詩：一則曰詩三百，再則曰誦詩三百，未聞有三千說也。厥後自衞反魯，年近七十，樂傳既久，未免殘缺失次，不能不與樂官師摯輩，審其音而定正之。又何嘗有刪詩之說哉。」

「學者不信孔子所自言，而信他人之言。」爲昔日學界通病，千百年來，多少無謂之困擾，莫不因此而起，孔子刪詩、書之說爲無稽，本不足辯，惟時至今日，仍有極多不明事理之徒，執迷不悟，大張謬論，斷斷焉而未有已，誠所謂「甚矣，其可怪也。」

今再舉葉水心、金履祥、閻若璩三家之說，熟讀而詳味之，則孔子刪詩說乃情理上絕不可能之事，自不待言。

葉水心習學記言：

『論語稱「詩三百」，本謂古人已具之詩，不應指其自定者言之。』

金履祥述王柏語云：

「孔子之誦詠，如素絢，唐棣；諸經之所傳，如貍首、轡柔，何以皆不與於三百？而已放之鄭聲，反尚存而不刪？」

閻若璩古文尚書疏證：

「燕禮記升歌鹿鳴，下管新宮，新宮與鹿鳴相次，蓋一時之詩，而爲燕饗賓客及大射之樂者，其在小雅中無疑。鄭注：新宮、小雅逸篇。必不爲聖人所刪，又必不至孔子時已亡佚。何者？魯昭公二十五年，宋公享叔孫昭子，賦新宮，其詩見存，孔子時年三十五也。又鄉射奏騶虞，大射奏貍首，周禮射人：王以騶虞九節，諸侯以貍首七節，孤卿大夫及士以采蘋、采蘩五節。則貍首之詩，與騶虞，采蘋、采蘩相次，孔穎達所謂當在召南者，必不爲聖人所删，又必不至孔子時已逸。何者？則射義出七十子後學者之手，且歷舉其詩云云也。」（註一）

觀此，倡言孔子删詩者，亦尚有說乎？

註　一：葉水心、金履祥、閻若璩三氏之說，引自錢穆先生國學概論。

三十二、比、興說詩之嚆矢

學而篇：子貢曰：「貧而無諂，富而無驕，何如？」子曰：「可也。未若貧而樂，富而好禮者也。」子貢曰：「詩云：如切如磋，如琢如磨。其斯之謂與？」子曰：「賜也，始可與言詩已矣！告諸往而知來者。」

按：子貢引詩，乃衞風淇澳之篇。

八佾篇：子夏問曰：「巧笑倩兮，美目盼兮，素以爲絢兮。何謂也？」子曰：「繪事後素。」曰：「禮後乎？」子曰：「起予者商也，始可與言詩已矣！」

按：子夏所引乃逸詩也。

顧頡剛說：

「『切磋琢磨』，是形容君子風度的美，不卽是『貧而樂，富而好禮。』『素以爲絢兮』，是說本質與裝飾的好，也不卽是「禮後。」子貢子夏不過會用類推的方法，用詩句做近似的推測，孔子已不勝其稱贊，似乎他最歡喜這樣用詩。這樣的用詩，替牠立一個題目，是『觸類旁通。』春秋時人的賦詩，已經會得『觸類旁通』了；在言語裏觸類旁通的，別地方似乎沒有見過，或者是他開端。經他一提倡之後，後來的儒家就很會這樣用了。」

論語這兩章書，實爲以比、興說詩之嚆矢。詩有六義：風、雅、頌爲詩之體材，賦、比、興爲詩之作法。賦體「直書其事，盡言寫物。」（註一）各家所見皆同。比、興二體，雖言人人殊，要不離託喻之爲用。禮記、學記篇云：「不學博依，不能安詩。」謂「若欲學詩，先依倚廣博譬喻；若不學廣博譬喻，則不能安善其詩，以詩譬喻故也。」（註二）經解篇：「溫柔敦厚，詩教也。」皮錫瑞以爲：「溫柔敦厚在婉曲不直言。」「不指切事情。」故詩之比、興，婉微而深遠。

郝敬說：

「詩有詠古而意在傷時者；如七月信南山采薇之類是也。有言乙而意在刺甲者，如叔于田椒聊之類是也。有託爲其人之言寓意者，如卷耳江有汜采綠之類是也。有不明言其失，但敘其人之事，其失自見者，如氓之類是也。有篇首見意，後皆託爲其人之言者，如雲漢之類是也。有露一二[illegible]語可思者，如碩人猗嗟之類是也。有前數章全不露，直至末章方明說者，如載馳有頍者弁之類是也。有首一二語後全不露者，如楚茨之類是也。有辭初緩而漸迫者，如旄邱四月之類是也。有言輕而意實重者，如凱風之類是也。有首章辭意已盡，後數章但變文叠韻者，如樛木螽斯黃鳥無衣緜蠻之類是也。有前敘事，後託爲其人之言者，如野有死麕大車小戎之類是也。有首章見意，後數章皆託他人言者，如蕩之類是也。有前數章反言，至末始見正意者，如都人士隰桑之類是也。雖或卽事直陳，而皆有悠揚委曲之趣，言外不盡之旨，未有徑情直發者。」

又說：

「不微不婉，徑情直發，不可爲詩。一覽而盡，言外無餘，不可爲詩。美謂之美、刺謂之刺，拘執繩墨，不可爲詩。意盡乎此，不通於彼，膠柱則合，觸類則滯，不可爲詩。」

郝敬所見，卓然成一家言，於孔子以比、興說詩之旨，殊多發明，致力三百篇解題之鑽研者，允宜三致意焉。

註　一：見鍾嶸詩品。

註　二：禮記、學記篇、孔穎達疏。

三十三、學詩可以爲政

子路篇：子曰：「誦詩三百，授之以政，不達，使於四方，不能專對，雖多，亦奚以爲！」

方孝孺曰：「聖人嘗言：誦詩三百，不達於政，雖多，亦奚以爲！是學詩可以爲政也。」

皇侃疏云：誦詩宜曉政，而今不達；又應專對，而今不能，雖復誦詠之多，亦何所爲用哉？

所謂「誦詩宜曉政」：

班固曰：

「古有采詩之官，王者所以觀風俗，知得失，自考正也。」

鄭玄曰：

「詩者承也。政善則下民承而讚咏之，政惡則諷刺之。」

鄭詩譜序曰：

「勤民恤功，昭事上帝，則受頌聲，弘福如彼。若違而弗用，則被刼殺，大禍如此。吉凶之所由，憂娛之萌漸，昭昭在斯，足作後王之鑒，於是止矣。」

正義曰：「弘福如彼，謂如文武成王，世修其德，致太平也。大禍如此，謂如厲幽陳靈，惡加於民，被放弑也。違而不用，謂不用詩義。則勤民恤功，昭事上帝，是用詩義也，互言之也。用詩則吉，不用則凶，吉凶之所由，謂由詩也。詩之規諫，皆防萌杜漸，用詩則樂，不用則憂，是爲憂娛之萌漸也。」

蘇彥曰：「哀王道，傷時政，莫過乎詩。」

則誦詩三百，可以「曉政」明矣。至謂「誦詩應專對」，則孔門以詩敎言，而有言語科，「不能專對」，是不善學詩者也。

季氏篇：陳亢問於伯魚曰：「子亦有異聞乎？」對曰：「未也。嘗獨立，鯉趨而過庭，曰：『學詩乎？』對曰：『未也。』『不學詩，無以言。』……」

陽貨篇：子謂伯魚曰：「女爲周南、召南矣乎？人而不爲周南、召南，其猶正牆面而立也與！」

先進篇：「……言語：宰我、子貢。……」

姚義曰：「敎之以詩，則出辭氣斯遠暴慢矣。」

蓋彼時諸侯卿大夫交接鄰國，以微言相感，當揖讓之時，必稱詩以諭其志，（註一）據左氏襄公二十七年傳：

鄭伯享趙孟於垂隴；子展，伯有，子西，子產，子大叔，二子石從。趙孟曰：「七子從君，以寵武也。請皆賦以卒君貺；武亦以觀七子之志。」

子展賦草蟲。趙孟曰：「善哉，民之主也！抑武也不足以當之。」

伯有賦鶉之賁賁。趙孟曰：「床第之言不踰閾，況在野乎？非使臣之所得聞也。」

子西賦黍苗之四章。趙孟曰：「寡君在，武何能焉。」

子產賦隰桑。趙孟曰：「武請受其卒章。」

子大叔賦野有蔓草。趙孟曰：「吾子之惠也。」

印段賦蟋蟀。趙孟曰：「善哉，保家之主也！吾有望矣。」

公孫段賦桑扈。趙孟曰：「『匪交匪敖』，福將焉往！若保是言也，欲辭福祿得乎？」

卒享，文子告叔向曰：「伯有將爲戮矣！詩以言志；志誣其上而公怨之，以爲賓榮，其能久乎？」

叔向曰：「然。已侈。所謂不及五稔者，夫子之謂矣。」

文子曰：「其餘皆數世之主也。子展其後亡者也，在上不忘降。印氏其次也，樂而不荒，樂以安民，不淫以使之，後亡，不亦可乎！」

春秋時，盟會、聘問、燕享，列國之大夫必賦詩以見志如此，苟非深於詩，則「使於四方」，何能「專對」？如左傳記晉公子重耳到秦國：

他日，公享之。子犯曰：「吾不如衰之文也，請使衰從。」公子賦河水；公賦六月。趙衰曰：「重耳拜賜。」公子降拜稽首；公降一級而辭焉。衰曰：「君稱所以佐天子者命重耳，重耳敢不拜！」（僖二十三年傳）

子犯以「不如衰之文也」，故「請使衰從。」此可以見「專對」能力之重要。

雷海宗先生曾在「古代中國的外交」一文中指出：

「賦詩有時也可發生重大的具體作用。例如文公十三年鄭伯背晉降楚後，又欲歸服於晉，適逢魯文公由晉回魯，鄭伯在半路與魯侯相會，請他代爲向晉說情，兩方的應答全以賦詩爲媒介。鄭大夫子家賦小雅鴻雁篇，義取侯伯哀恤鰥寡，有遠行之勞，暗示鄭國孤弱，需要魯國哀恤，代爲遠行，往晉國去關說。魯季文子答賦小雅四月篇，義取行役踰時，思歸祭祀；這當然是表示拒絕，不願爲鄭國的事再往晉一行。鄭子家又賦載馳篇之第四章，義取小國有急，想求大國救助。魯季文子又答賦小雅采微篇之第四章，取其『豈敢定居，一月三捷』之句，魯國過意不去，只得答應爲鄭奔走，不敢安居。』鄭人賦詩，求而兼頌；魯人賦詩，謝而後許；各遂所願。學詩可以爲政顯然。

註　一：見漢書藝文志。

三十四、再論「學詩可以爲政」

「學詩可以爲政」，拙作：從「多識於鳥獸草木之名」一語的說解談起續篇，已有專章討論，所以復有言者，良由「學詩可以達於政」，人但知其然，而不知其所以然，故再爲說解。

焦循曰：

「學詩三百，於序既知其爲刺某某之詩矣，而諷味其詩文，則婉曲而不直言，寄託而多隱語，故其言足以感人，而不以自禍。即如節南山、雨無正、小弁等作，亦惻怛纏綿，不傷於直，所以爲千古事父事君之法也。」

崔述曰：

『孔子曰：「誦詩三百，授之以政，不達，使於四方，不能專對，雖多，亦奚以爲。」夫詩以寫性情，書以道政事。詩之有資於言，可以專對，固也。若夫政事則莫如書，而聖人反責之誦詩者，何哉？余自近年始悟其理。蓋其故有三焉：一則春秋之世，卿大夫誦詩者多，觀傳所記賦詩引詩之事，不可枚擧，故聖人就所素習者言之。二則尙書所載，皆帝王經世之大法，非尋常人所能；春秋之世，賢士大夫尙未足以及此，故聖人亦不以過望於當時也。三則政以治民正俗爲要，尙書所言，乃朝庭興革之大端，至於民情之憂喜、風俗之美惡，則詩實備之。故讀七月，而知周之所以興；讀大東，而知周之所以衰；讀齊唐之風，而知其立國之强；讀陳、鄭之風，而知其享國之促；車攻夜如何其，非不朝會仍其舊也。然誦白駒、黃鳥，而知周之必微；載馳、定之方中，非不國家失其故也；然誦淇澳、干旄，而知衞之必久。詩之有益於政，大矣。無怪乎季札觀周樂，而興亡得失遂如指諸掌也。余嘗視前代諸史書，亦自以爲識其治亂之由。其後泛觀前人詩集文集，與野史之所載，士大夫之風氣，民間之好尙，官府閭閻之利弊，所以興亡盛衰之故，皆了然如見。然後知始之所得尙淺，而史之未足以盡政也。聖人於誦詩者而望其達於政，其亦猶此意乎？』

崔氏之說，可謂深得聖意。東壁治學，鍥而不捨，窮理至本，故能見人所未見，發人所未發，此崔氏之所以卒能卓絕千古歟。

成惕軒先生亦指出：

「詩者本乎人情，該乎物理，故深於詩者，出而用世，必能審察人心向背，周知民生疾苦，進而措諸刑政之宜。甘棠垂蔭，勿翦興受樹之思；碩鼠食苗，去汝有樂郊之歎。仁暴相形，愛憎立判，誦其詩，不卽可以遠其政乎？至於講信修睦，責在行人；樽俎折衝，事關鬥智。春秋二百四十二年間，凡朝聘會盟，宴享弔問之事，其歌詠唱答，辭令應對，一本於詩：秦穆賦六月而重耳下拜，范宣賦黍苗而武子稽首，辭見於此，義徵於彼，和平溫厚，相喩以心，直可謂一最高尙之語言，最實用之藝術。甚者且或借陳詩見意，而禍患潛消，紛難立解，其力量之大，有過於十萬雄獅。孔子又謂：不學詩，無以言。外交官處縱橫捭闔之衝，以言語爲天職，而學詩之有助於外交者，又如此其大，設如出使四方，不能達成專對任務，實未免愧對詩人，有辱使命矣。」

而「聲音之道與政通」，尤足闡發「學詩可以達於政」之理。皮錫瑞詩經通論「論鄭譜鄭箋之義知聲音之道與政通」條，引陳澧之說云：

『國史明乎得失之迹，小序每篇言美某王美某公，鄭君本此意以作譜，而於譜序大放厥辭，此乃三百篇之大義也，此詩學所以大有功於世也。鄭箋有感傷時事之語，桑扈：「不戢不難，受福不那。」箋云：「王者位至尊，天所予也。然而不自斂以先王之法，不自難以亡國之戒，則其受福祿亦不多也。」此蓋嘆息痛恨於桓靈也。小宛：「螟蛉有子，蜾蠃負之。」箋云：「喩有萬民不能治，則能治者將得之。」此蓋痛漢室將亡，而曹氏將得之也。又「戰戰兢兢，如履薄冰。」箋云：「衰亂之世，賢人君子雖無罪，猶恐懼。」此蓋傷黨錮之禍也。雨無正：「維曰于仕，孔棘且殆。」箋云：「居今衰亂之世，云往仕乎？甚急迮且危。」此鄭君所以屢被徵而不仕乎？鄭君居衰亂之世，其感傷之語，有自然流露者，但箋注之體謹嚴，不溢出於經文之外耳。』

皮錫瑞以為：

『鄭君作譜序，深知孔子錄詩之意；陳氏引鄭箋，深知鄭君箋詩之意。在心為志，發言為詩，言為心聲，非可勉强。聲音之道與政相通，故曰：治世之音安以樂，其政和。亂世之音怨以怒，其政乖；亡國之音哀以思，其民困。詩之世次難以盡知，何楷世本古義臆斷某詩為某人某事作，提要以為大惑不解，卽毛序某詩刺某君，朱子亦不深信。然今卽以詩辭而論，有不待箋釋，而知其時之為盛為衰，不必主名，而見其政之為治為亂者：如魚麗美萬物衆多，而苕華云：「人可以食，鮮可以飽。」則其民之貧富可知。天保云：「群黎百姓，徧為爾德。」而兔爰云：「尙寐無吪。」苕華云：「不如無生。」則其民之憂樂可知。是卽不明言為何王之詩，而盛衰治亂之象，宛然在目，其君之應受宏福與受大禍，亦瞭然於前矣。朱子曰：「周之初興時，周原膴膴，堇荼如飴。苦底物亦甜；及其衰也，牂羊墳首，三星在罶；人可以食，鮮可以飽。直恁地蕭索。」正得此意。』

統觀諸家之言，不惟「學詩可以為政」之理，昭然明白，而「詩學之所以大有功於世」，又從可知矣。

三十五、善學詩者，當取一二言爲立身之本，如南容、子路

鄭樵說：「善學詩者，當取一二言爲立身之本，如南容、子路……南容三復，不過白圭；子路終身所誦，不過不忮不求。」

是二子以詩爲修身養性之用。

甲、南容

先進篇：南容三復白圭。孔子以其兄之子妻之。

孔安國曰：詩云：「白圭之玷，尙可磨也；斯言之玷，不可爲也。」南容讀詩至此，三反覆之，是其心愼言也。

皇侃義疏：復猶反也。詩云：白圭之玷，尙可磨也；斯言之玷，不可爲也。是白圭有玷缺尙可磨治，令其全好；若人言忽有瑕玷，則駟馬不及，故云不可爲也。南容愼言語，讀詩至白圭之句，乃三過反覆修翫，無已之意也。

四書集注：詩、大雅、抑之篇曰：「白圭之玷，尙可磨也；斯言之玷，不可爲也。」南容一日三復此言，事見家語。蓋深有意於謹言也。此邦有道所以不廢，邦無道所以免禍，故孔子以兄子妻之。范氏曰：言者行之表，行者言之實，未有易其言而能謹於行者。南容欲謹其言如此，

則必能謹其行矣。

按：孔子家語、弟子行：「獨居思仁，公言仁義，其于詩也，則一日三覆白圭之玷，是南宮縚之行也。」

又公冶長篇：子謂南容，邦有道，不廢；邦無道，免於刑戮，以其兄之子妻之。

乙、子路

子罕篇：子曰：衣敝縕袍與衣狐貉者立而不恥者，其由也與。不忮不求，何用不臧。子路終身誦之。

子曰：是道也，何足以臧？

「不忮不求，何用不臧。」乃邶風、雄雉之詩，孔子引之，以美子路也。

馬融曰：忮、害也。臧、善也。言不忮害、不貪求，何用爲不善？疾貪惡忮害之詩也。

正義曰：孔子言之，以善子路也。子路終身誦之者，子路以夫子善已，故常稱誦之。子曰是道也，何足以臧者，孔子見子路誦之不止，懼其伐善，故抑之。言人行尚復有美於是者，此又何足以爲善？

朱子曰：「古人一篇詩，必有一篇意思；且要理會得這個。如柏舟之詩，只說到靜言思之，不能奮飛；綠衣之詩，說我思古人，實獲我心。此可謂止禮義，所謂可以怨，便是喜怒哀樂發而皆中節處」

胡樸安曰：

「禮記云：『其爲人也，溫柔敦厚而不愚，則深於詩者也。』則是個人之修養，則當本詩之禮敎，而成一溫柔敦厚之人。『樂而不淫，哀而不傷。』孔子之論詩而得性情之正也。『國風好色而不淫，小雅怨悱而不亂。』此司馬遷之論詩而得性情之正也。據此以言，修養性情，莫善夫詩。『我思古人，實獲我心；先君之思，以勗寡人。』怨而不怒也。『寬兮綽兮，猗重較兮，善戲謔兮，不爲虐兮。』和而不流也。烝民言仲山甫之德，『柔嘉維則，令儀令色；小心翼翼，古訓是式，威儀是力。』又云：『柔亦不茹，剛亦不吐，不侮矜寡，不畏强禦。』眞可謂有溫柔敦厚之態度者矣。其他見於詩者，如「溫溫恭人，抑抑威儀』之類，不勝枚擧。若夫聽鳴皋之鶴，而知誠不可揜；察躍淵之魚。而知理無定在。檀下惟籜。愛當知其惡：石可攻玉，憎當知其美。好賢如緇衣，知善之足以爲法；疾惡如巷伯，知惡者之足爲戒。善頌不爲過譽，故生民有庶無罪悔之語；絕交不出惡聲，故何人斯有爾還而入之言：皆禮教修養之深，故有和平之旨。凡此關於個人之禮教，皆可於詩經中求之。」

通經原期「精義入神，以致用也。」（註一）南容三復，不過白圭；子路終身所誦，不過不忮不求，是善學詩者矣。他如子擊好晨風、黍離，而慈父感悟；周磐誦汝墳卒章，而爲親從仕；王裒誦蓼莪，而三復流涕；裴安祖講鹿鳴，而兄弟同食。何一而非深於詩者乎！

註　一：見易繫辭下。

三十六、讀論語之法

論語一書，平易近人，人人可解。一知半見，議論易生，其穿鑿以誤後人者不少。王若虛嘗評舊說與新說之失，並示人以解論語之法，立論精闢，切中肯綮，玆迻錄於此。

王若虛曰：

「解論語者，不知凡幾家，義略備矣；然舊說多失之不及，而新說每傷於太過。夫聖人之意，或不盡於言，亦不外於言也。不盡於言，而執其言以求之，宜其失之不及也。不外乎言，而離其言以求之，宜其傷於太過也。盍亦揆以人情而約之中道乎！嘗謂宋儒之議論，不爲無功，而亦不能無罪焉：彼其推明心術之微，剖析義利之辨，而斟酌時中之權，委曲疏通，多先儒之所未到，斯固有功矣。至於消息過深，揄揚過侈，以爲句句必涵氣象，而事事皆關造化，將以尊聖人而不免反累名，爲排異端而實流入於其中，亦豈爲無罪也哉！」（註一）

又曰：

「解論語者，有三過焉：過於深也、過於高也、過於厚也。聖人之言，亦人情而已，是以明白而易知；中庸而可久，學者求之太過，則其論雖美，而要爲失其實，亦何貴於此哉！夫子之言性與天道子貢自謂其不得聞，而宋儒皆以爲實聞之；問死問鬼神，夫子不以告子路，宋儒皆以爲實告之；終篇堯舜禹湯之事，寥寥殘缺，不當強解，而或謂聖學所傳，所以著明二十篇之大旨。若是之類，皆過於深者也。聖人雖無名利之心，然嘗就名利以誘人，使之由人欲而識天理，故雖中下之人，皆可企而及，玆其所以爲教之周也。如曰不患莫己知，求爲可知也。此正就名而使之求實也。而謝顯道曰：是猶有求名之意，非聖人之至論。子張學干祿，夫子爲言得祿之道。此正就利而使之思義耳。而張九成曰：聖人之門，無爲人謀求利之說，祿之爲義，亦自足而已。甯武子邦無道則愚，夫子以爲不可及。楊龜山曰：有知愚之名，則非行其所無事；言不可及，則過乎中道矣。蘧伯玉邦無道則卷而懷之，夫子以爲君子。而張南軒曰：此猶有卷懷之意，未及乎潛龍之隱見，果聖人之旨乎？若是之類，皆過於高者也。凡人有好則有惡，有喜則有怒，有譽則有毀，聖人亦何以異哉！而學者一以春風和氣期之，凡忿嫉譏斥之詞，必周遮護諱而爲之說：子曰：十室之邑，必有忠信，如丘者焉，不如丘之好學也。此蓋篤實教人，欲其知所勉耳。而衞瓘以焉字屬下句，意謂聖人不敢以不學待天下也。此正繆戾，而世或喜之，子曰：四十五十而無聞焉，斯亦不足畏也已。年四十而見惡焉，其終也已。人固有晚而改節者，然概觀之，亦可以見其終身矣。而蘇東坡皆疑其有爲而言。子貢問當時從政者，夫子比之斗筲而不數，蓋師弟之間，商評眞語，何害於德？而張九成極論以爲自稱之詞。至於杖叩原壤，呼之爲賊，此其鄙棄無復可疑。而范純夫猶有因其才而教誨之語。若是之類，皆過於厚者也。知此三者，而聖人之實著矣。」

註　一：王若虛論語辨惑序文。

三十七、孔子以前、本無禮書

漢書芸文志：「及周之衰，諸侯將踰法度，惡其（禮）害己，皆滅去其籍，自孔子時而不具，至秦大壞。」

則孔子已不見有禮經矣。（註一）

毛奇齡西河集與李恕谷論周禮書：

「僕記先仲兄嘗言：先王典禮，俱無成書。韓宣子見易象春秋，便目爲周禮。國家班禮法，祇於象魏懸條件，使閭里讀之。刑法亦然。子產作刑書，反謂非法。卽曆書一項，關係民用，先王所謂敬授民時，與世共見者，然亦只逐月頒布，並無成書，如近代曆本，則他可知矣。是以夏禮殷禮，夫子謂文獻不足。不特杞宋原無文，卽舊來傳書，亦祇得夏時坤乾。一如韓宣子之以易象春秋當禮書也。」

八佾篇：

子曰：夏禮吾能言之，杞不足徵也；殷禮吾能言之，宋不足徵也；文獻不足故也，足，則吾能徵之矣。

禮記禮運篇：

「孔子曰：我欲觀夏道，是故之杞，而不足徵也。吾得夏時焉。我欲觀殷道，是故之宋，而不足徵也。吾得坤乾焉。」

據此，則孔子以前，本無禮書可知矣。（註二）

錢穆先生說：「論孟言禮，皆明禮意，著於行事，不在簡策。」

今考論語述而篇：

子所雅言，詩書執禮，皆雅言也。

袁枚答李穆堂問三禮書：「子所雅言，詩書外惟禮加一執字，蓋詩書有簡册之可考，而禮則重在躬行，非有章條禁約也。」

俞樾群經平議：

「執禮謂執禮事也。周官太史曰：『凡射事，執其禮事。』禮記雜記曰：『女雖未許嫁，年二十而笄，禮之，婦人執其禮。』皆執禮之證也。孔子執禮之時，苟有所言，如鄉黨所記，賓不顧矣之類，皆正言其音，不雜以方言俗語，故曰執禮皆雅言也。」

陳澧、東塾讀書記：

「論語言禮者凡四十餘章，自視聽言動，與凡事親、教子、事君、使臣、使民、爲國，莫不以禮。其所以爲禮者，曰敬、曰讓、曰約、曰節之、曰文之。其本在儉，其用在和，而先之以仁之守，義之質，學之博。先進後進不同，則從先禮，禮雖廢而猶愛之，夏殷禮不足徵，而猶能言之。論語之言禮至博至精，探索之而靡盡也。」

又曰：

「論語所言皆禮也，以其小者觀之，如趨過者，子見父之禮；沐浴者，臣朝君之禮；行束脩者，弟子初見師之禮；非公事不至者，士人見官長之禮；三愆者，侍坐之失禮；居於位與先生並行者，童子之失禮。小者如此，大者可知也。」

則孔子之學，以仁爲歸，以禮爲本，著於行事，不在簡册，顯然可見。

漢書所稱禮經，乃今儀禮十七篇：

皮錫瑞經學通論：

「漢所謂禮，卽今十七篇之儀禮，而漢不名儀禮。專主經言，則曰禮經；合記而言，則曰禮記；許愼、盧植所稱禮記，皆卽儀禮與篇中之記，非今四十九篇之禮記也。」

其書與孔子之意多違，蓋出周末戰國之際。

崔述豐鎬考信錄：

「儀禮非周公之制，亦未必爲孔子之書。古禮臣拜君於堂下，雖君有命，仍拜畢乃升。今儀禮君辭之，乃升成拜。是拜上非拜下矣。此孔子所謂泰也。古者公之下不得復有公，今儀禮諸侯之臣所謂諸公者，是春秋之末，大夫僭也。此孔子所謂名不正也。覲禮，大禮也；聘禮，小禮也。今儀禮聘禮之詳，反十倍於覲禮。蓋周衰，覲禮缺失，而聘禮通行故也。王穆后崩，太子壽卒，晉叔向曰：王一歲而有三年之喪二焉。今儀禮喪服篇爲妻期年。果周公所制之禮，叔向豈有不知？何以所言喪服與儀禮逈異？且十七篇多係士禮，已文繁物奢如此，則此書之作，當在周末文勝之時。周公所製，必不如是。孔子曰：「先進於禮樂，野人也。後進於禮樂，君子也。如用之，則吾從先進。」則今傳儀禮，亦與孔子之意背馳也。」

周禮係戰國末年書：

賈公彥序周禮廢興云：

「周官孝武之時始出，祕而不傳，至劉歆校理祕書，始得列序，著於錄略。時衆儒並出，共排以爲非。」

毛奇齡經問

「周禮爲周末秦初儒者所作，謂之周人禮則可，謂之『僞周禮』則不可。以並無有『周禮』一書，而此竊襲之以假其文也。是以是書在前，亦早有知其非者，如漢林孝存稱爲末世瀆亂不驗之書。何休序之爲『六國陰謀之書。』惟鄭康成獨論著之，過尊爲周公致太平之跡。周禮不明，禮記雜篇皆戰國後儒所作，而儀禮、周禮則又在周之季，呂覽之前。故諸經說禮皆無可據，而漢世註經者，必雜引三禮以爲言，此亦不得已之事，原非謂此聖人之經，不刊之典也。若或又謂是書出於漢孝成之世，係漢人所作，並非周人則不然。」

錢穆先生以爲此論極平允，周禮係戰國末年書，要無可疑。

日本漢學家本田成之說：

「從來周禮、儀禮二書，雖說是周公旦作的，又傳說是孔子以前就有這等書物，然此等的書，至少是在荀子以後才發生的。倘若是等二書從孔子以前就有的話，則孔子對於門人的種種的質問，不必一一答辯，逕可勸以讀此書了。孟子荀子述周之官制時，倘若有此周禮一書，則也可逕直引用而作說明。如周禮儀禮不但孔子不知，卽孟子也不曾見。至於禮記，不待說是出於周禮儀禮之後了。」

錢玄同說：

「儀禮是戰國時代胡亂鈔成的僞書，這是毛奇齡、顧棟高、袁枚、崔述諸人已經證明的了。周禮是劉歆僞造的。兩戴記中，十分之九都是漢儒所作的。」

王靜芝先生說：

「儀禮作者既不是周公，也不是孔子所定，也不會是某一人所創造。儀禮是生活中漸漸形成的，初時無書，漸有文字記載。文字記載可能很多，秦火後散失。高堂生得十七篇，以今文傳之，於是有了一部儀禮。當然，這也不是高堂生所作。儀禮當沒有作者，而是輯纂成書的。

周禮未必爲周公親作，因我們實在找不出周公作的證據，也找不出任何某人作周禮的證據。周禮一書，由所載的制度看來，與周初不合。建國之制，與尙書洛誥召誥不合。封國之制，與孟子不合。至禮記所言的六典五官，也和周禮不同。推想周禮一書，自當不是周初作成，也不是周的制度；可能是戰國時期各國制度的綜合體，經過條理編纂，成爲一書。大約是一有識之士，參考各國制度，著成一理想的政治制度之書，準備有機會能夠應用。這與呂不韋的作呂氏春秋的動機，頗爲相似。」

綜上以觀，則孔子以前，本無禮經，殆可斷言。

註一：見錢穆國學概論。

註二：同前。本章參考錢穆先生國學概論改寫。

三十八、孔子未嘗傳易

日知錄：

『孔子論易，見於論語者，二章而已。曰：「加我數年，五十以學易，可以無大過矣。」「南人有言，曰：人而無恆，不可以作巫醫。善夫！不恆其德，或承之羞。子曰：不占而已矣！』

按：日知錄所指孔子論易，見於論語的這兩章書，一在述而篇，一在子路篇。前文（見「加我數年，五十以學易章」章解）筆者已經指出，述而篇這章書，是由於後儒斷句與說解的不當，因而滋生許多無稽的附會，遂振振有詞，以這章書作爲孔子傳易的有力證據。其實，細按各家說解，可以說無一不是「借後儒之理，以說先聖之經。」輾轉牽合，極盡穿鑿之能事。如此，解經既已謬誤，又何來證據力可言。

至於子路篇這章書，錢穆先生已經指出：

「因人之無恆，而歎其不占，與南人之言，同類並舉，亦博弈猶賢之意，非韋編三絕之說也。」

捫蝨新話也指出：

『「不恆其德，或承之羞。子曰：不占而已矣。」……凡此類皆因上句而立說，則上句乃亦古語耳，弟子因而併記之。』

易經係編纂而成，非一人一時之作，各家皆無異說。因此，儘管「不恆其德、或承之羞」，係易、恆卦、九三爻詞，而編纂易經者，採古語編入，乃是極其自然的事情，無足為怪。不能因為易經有這句話，就可以證明孔子傳易。「論語中固有因古語而為說者。」（註一）治論語學者，應三復斯言。

再從文例上看：

陽貨篇：子曰：飽食終日，無所用心，難矣哉。不有博弈者乎？為之猶賢乎已。

我們同樣不能因這章書，就證明孔子「教人博弈」，其道理是一致的。

日本漢學家本田成之對這兩章書的辯駁，最稱明快：

『子曰：「加我數年，五十以學易，可以無大過矣。」

右段殆為史記，漢書孔子晚年喜易之說所自出，然魯論語易字作亦，五十以學（句）亦可以無大過矣。是謙遜語，而非謂說學易也。齊、魯、古論語若有歧異時，須從魯論為正，誰亦無異議者。只漢安昌侯張禹，因當時易甚流行，欲投時好，於魯論中取入易字耳。又下論子路篇云：

「子曰：南人有言曰：人而無恆，不可以作巫醫。善夫。不恆其德，或承之羞。子曰：不占而已矣。」

右文中，「不恆其德，或承之羞。」二句，是今之周易恆卦九三爻詞，據此，則今之易已在孔子以前成立之證據矣。然原來下論之文，信用薄弱，不得與上論同一例視。又據前所述，今之易實由後人編纂從前卜筮之辭而成書者；而論語文中，又無「易曰」二字，只曰不占而已。安得據此以爲周易已經成立之證？又安知非後世之編易者，取此辭以入於易乎？若以爲孔子喜易，而且學易，其高弟顏回、子貢、子夏、子路、子張等，何故無學易者乎？若以爲子貢諸賢，已知有今之易，及繫辭傳，則論語中之大半問答，皆爲辭費矣。子貢歎息性與天道，不可得聞。而繫辭文言之論說，其言性與天道，非充滿篇幅乎？子路提出鬼神及死之問題，孔子不答；然如精氣爲物，游魂爲變，陰陽不測，妙萬物爲言等等，非論鬼神之情狀乎？子張問十世，是欲預知未來；而孔子告以既往。然全部周易，非教人以知來者乎？是皆與「子所雅言，詩、書執禮。」及「子不語怪力亂神」之學風，大相逕庭者也。況相傳孔子作翼之說，全然出於易學者一流之傅會。若孔子果作十翼，則傳孔子之道者，首推曾子、子夏，其次自子思以至孟子，何以無一說及易乎？不能不謂埋沒先聖之道矣。（原注：後世相傳之子夏易傳，實出於僞託，前人已有定論。）又如所云乾坤坎離艮兌震巽，此等文字，與孔子及孟子生平所教，究竟無何等之交涉；如易所云如何有利種種，文句卑下，假令即非私利，亦非孔孟生平之所好，殆爲戰國策士之語調也。考究易之歷史，不能不謂之出於孔孟以後；雖出於孔孟以後，然於其價值，實無關係。

要之，易爲孔子、子思、孟子所完全不知。』

看了本田成之的辯駁以後，妄圖據守這兩章書，負嵎頑抗，倡言孔子傳易的人，不知還有何話說？除述而，子路兩篇以外，憲問篇還有一章書，和這兩章情形相類似：

曾子曰：君子思不出其位。

這是艮卦的象辭。但卻不僅不足以作爲孔子傳易的證據，反而是象傳出於「曾子以後之人所爲」的強力證明：

崔述、洙泗考信錄：

論語云：曾子曰：「君子思不出其位。」今象傳亦載此文。果傳文在前，與記者固當見之。曾子雖曾述之，不得遂以爲曾子所自言；而傳之名言甚多，曾子亦未必獨節此語而述之。然則是作傳者往往旁采古人之言以足成之；但取有合卦義，不必皆自己出。既采曾子之語，必曾子以後之人所爲，非孔子所作也。

錢穆先生也說：

論語、曾子曰：「君子思不出其位。」今周易艮卦象傳也有此語。果孔子作十翼，記論語的人不應誤作「曾子曰」。

可見「最上至極宇宙第一書」（註二）人人相信是考究孔子言行思想最可靠的論語，沒有一章書可以作爲孔子傳易的證據，是可以斷定的了。除此以外，前人辨正「十翼非孔子作的，尙有：（註三）

馬端臨文獻通考：「歐陽公童子問上下卷，專言繫辭、文言說卦而下，皆非聖人之作。」

陳振孫書錄解題：「趙汝談南塘易說三卷，專辨十翼非夫子作，今此書無傳。」

晉書束晳傳：「汲郡人不準，發魏襄王冢，得易經二篇，與周易上下經同。」姚際恆曰：「魏文侯最好古，魏冢無十翼，明十翼非仲尼作。」姚有易傳通論，今亦無傳。

崔述洙泗考信錄：「易傳必非孔子所作，汲縣冢中，周易上下篇無彖象文言繫辭。魏文侯師子夏，子夏不傳，魏人不知，則易傳不出於孔子無疑。又按：春秋襄九年傳，穆姜答史之言，與今文言篇首略同，而詞小異。以文勢論，則彼處爲宜。是作傳者采之魯史，而失其義耳。」

日本漢學家內藤虎次郎的見解，尤其值得稱道，他說：「爾雅無易之訓詁，因此有雜卦之製成，以代爾雅之功作。」（註四）聊聊數語，卻是言人所未言，本田成之備致推崇，以爲：「此見甚卓，從一面觀之，可謂爾雅出世之時，尚未有易；又從別一方面觀之，可見非孔門之經書也。」

本田成之又補充說：

「秦始皇時禁書，有藏詩書百家語者，悉燒之。所不去者，醫藥卜筮種樹之書。易本爲卜筮而設，故得不焚。此亦可見從來不是經書之證據。」（註五）

這一證據，使「孔子傳易說」的擁護者，所有的辯論，都成爲多餘。筆者一向認爲：「從六經形成的考察，最足以廓清孔子贊易的謬說。」因爲無論如何，六經不僅絕無可能同時出現，而形成一個集團，尤其須要一段漫長的歲月，並且靠衆多的人推波助瀾，始能集結在一起，形成氣候。即令孔子是如何的「天縱之將聖、又多能也」，但憑他一人之力，是絕無此能耐的。

六經的形成，非三言兩語所能盡，因此，本文只作重點探討。

如所週知，戰國以前，見於載籍者只有詩書禮樂四種，楚語：

『莊王使士亹傅太子葴，士亹問于申叔時。叔時曰：「教之春秋，而爲之聳善而抑惡焉，以戒勸其心。教之世，而爲之昭明德而廢幽昏焉，以休懼其動。教之詩，而爲之導廣顯德，以耀明其志。教之禮，使知上下之則。教之樂，疏其穢而鎭其浮。教之令，使訪物官。教之語，使明其德，而知先王之務用明德於民也。教之故志，使知廢興者而戒懼焉。教之訓典，使知族類行比義焉。』（註六）

凡舉古代典籍爲當時所教學誦習者計有：春秋、世、詩、禮、樂、令、語、故志、訓典九種，約而舉之，不出詩書兩類。書者掌故，凡申叔時所謂春秋、世、禮、令、語、故志、訓典皆屬之。詩者文學，凡申叔時所謂詩、樂皆屬之。詩、書者，古人書籍之兩大別也。不曰詩、書，即曰禮樂。詩、書言其體，禮樂言其用。書即禮也，詩即樂也。故古人言學，皆指詩、書、禮樂，孔子開門授徒的科目亦僅止於此，此即求之論語而可證：

泰伯：「興於詩，立于禮，成于樂。」

述而：「子所雅言，詩、書執禮，皆雅言也。」

季氏：「陳亢問於伯魚曰：子亦有異聞乎？對曰：未也。嘗獨立，鯉趨而過庭。曰：學詩乎？對曰：

未也。不學詩，無以言。鯉退而學詩。他日又獨立，鯉趨而過庭。曰：學禮乎？對曰：未也。不學禮，無以立。鯉退而學禮。聞斯二者。陳亢退而喜曰：問一得三，聞詩聞禮，又聞君子之遠其子也。」（註七）

因此，史記孔子世家只說：

孔子以詩、書、禮、樂教，弟子蓋三千焉。」

連春秋都不與焉，遑論易經。

這是戰國以前，只有「詩、書、禮、樂」這一集團的明證。其後增孔子春秋而爲五，又增卜筮之易而爲六，至少經歷數百年的工夫，而參與推動其事者更不知凡幾，它的發展過程，錢穆先生之說，最是精闢，凡尊重事理者，不能不服，錢先生說：

『尊春秋齊於詩、書、禮、樂者，其論始於孟子，定於荀卿。

並易與詩書禮樂春秋而言之者，則儒道陰陽合糅之徒爲之，其事起於漢，見於劉安、馬遷、董仲舒、賈誼之書。

淮南王劉安招賓客方術之士爲鴻烈，高誘序之曰：「王與蘇飛、李尚、左吳、田由、雷被、毛被、伍被、晉昌等八人，及諸儒大山小山之徒，共講論道德，總說仁義，而著此書。其旨近老子，淡泊無爲，蹈虛守靜，出入經道。」則淮南雜糅儒道之證也。故其書以詩、書、易、禮、樂、春秋爲「六藝」。（泰族訓）

司馬遷史記太史公自序曰：『談爲太史公，學天官於唐都，受易於楊何，習道論於黃子。』其論六家要旨曰：『易大傳：「天下一致而百慮，同歸而殊途。」夫陰陽、儒、墨、名、法、道德，此務爲治者也，直所言之異，有省不省耳。』則司馬談論學，糅合陰陽儒道之證也。備論六家，首列陰陽，而稱易傳，先秦無有也。史遷承父學而尊孔子，故以禮、樂、詩、書、易、春秋言「六藝」。（滑稽列傳）謂孔子晚而喜易，序象、繫、象、說卦、文言，讀易韋編三絕者，亦史遷也。

董仲舒漢書五行志稱之曰：「昔殷道廢弛，文王演周易；周道敝，孔子述春秋，天人之道，粲然著矣。漢興，董仲舒治公羊春秋，始推陰陽爲儒家宗。」此董氏之學爲陰陽與儒相雜糅之證也。故春秋繁露亦併易與詩書禮樂春秋並言。

賈誼新書亦言「六藝」。賈生亦兼治陰陽儒道之說也。

莊子天下篇：「易以道陰陽。」史遷亦言之。秦火之後，惟易獨傳。儒道陰陽之說，雜見於其書，遂成易傳，至漢而大行也。（註八）

這便是『在秦時，人猶知其爲卜筮書，非儒家之一「經」也』的易這部書，（註九）躋身六經行列的發展過程，後人所以會有「孔子贊易」的謬說，是因不明這一發展過程所致。

從後儒所謂「孔子論易，見於論語者」的那幾章書的辨正，和六經形成的考察，我們可以斷言：「孔子絕無傳易之事。」

註　一：見捫蝨新話。

註　二：日本伊藤仁齋作論語古義，標爲「最上至極宇宙第一書」。

註　三：引自錢穆先生國學概論。

註　四：見內藤虎次郎著「易疑」一文。河洛圖書出版社「先秦經籍考」收有該文。

註　五：見本田成之著「作易年代考」。

註　六：當時王朝列國之史，皆稱春秋。

註　七：分類部分，引錢穆先生國學概論之說。

註　八：見錢穆先生著國學概論第一章孔子與六經

註　九：引號部分係錢穆先生語。

孟子之部

一、「王者之迹熄而詩亡、詩亡然後春秋作」句解

甲、王者之迹熄而詩亡

此句解者，從來不一，却無一可通者：

趙注：以頌聲不作爲亡。

朱注：以黍離降爲國風而雅亡爲亡。

鄭詩譜曰：於是王室之尊與諸侯無異，其詩不能復雅，故貶之，謂之王國之變風。

譜疏引服虔云：風不稱周而稱王者，猶尊之，猶春秋王人列於諸侯之上，在風則已卑矣。

范寧穀梁集解序曰：就大師而正雅頌，因魯史而作春秋，列黍離於國風，齊王德於邦君，所以明其不能復雅，政化不足以被羣后也。

陸德明謂：平王東遷，政遂微弱，詩不能復雅，下列稱風。

孔穎達謂：王爵雖在，政教才行於畿內，化之所及，與諸侯相似也。風雅繫政廣狹，王爵雖尊，猶以政狹入風。

呂祖謙曰：雅亡而風未亡，淸議猶懍懍焉，變風終於陳靈而詩遂亡。

以上各家說解之不通，一是由於他們已經承認「王者之迹熄而國風不亡」了，國風佔了詩三百零五篇中的一百五十七篇，如此，焉得謂「詩亡」？一是由於他們不曾看見詩經與春秋有一部分是在同時代的。（註一）

王柏說：

「凡言詩，風雅頌俱在其中，非獨以雅爲詩也。是知迹熄二字，包含有味；然後兩字，承接有序，所當涵泳而研究之，若視爲浮辭，而刪節擺脫，則情間而理迂，恐與孟子不無少舛也。惟河汾王氏竊見此意，直以春秋、詩、書，同曰三史，其意深矣。愚竊意王制有曰：天子五年一巡狩，命太師陳詩以觀民風。自昭王膠楚澤之舟，穆王回徐方之馭，而巡狩絕迹，夷王方下堂而見諸侯如敵國矣。政教號令，固已不及於天下，諸國亦豈有陳詩之事哉？民風之善惡，於是不得而知也。宣王復古，僅能會諸侯於東都，二雅雖中興，而諸國之風亦無有也。諸國之風既不得而知，今見於三百之中者，又多東遷以後之詩，無乃得之於樂工之所傳誦，而陳詩之法則不擧久矣。至夫子時，傳誦者又不可得，益不足以盡著諸國民風之善惡，然後因魯史以備載諸國之行事，不待褒貶，而善惡自明。故詩與春秋，體雖異而用則同。說春秋者，莫先於孟子；知春秋者，亦莫深於孟子，後世猶未有明其義者。」

惟何焯與方中履能明此義，解說亦較爲近理：

何焯說：採詩之官廢，則詩亡也。

方中履說：大一統之禮，莫大乎巡狩述職之典。今周衰矣，天子不巡狩，故曰迹熄；不巡狩則太史不採風獻俗，不採國風，則詩亡矣。

皮錫瑞的說法，則是最近事實，最合情理，唯一說得通的解釋：

「王迹當卽車轍馬迹之迹，天子不巡狩，太師不陳詩，則雖有詩而若亡矣。」

「雖有詩而若亡矣」，不僅把「詩經與春秋有一部分是在同時代的」這一事實圓滿交代，更重要的是强調「詩的諷諭作用已失」，「詩亡」，指的正是這一點：

蔡卞說：

「所謂詩亡者，非詩亡也，禮義之澤熄焉而已矣。變風變雅之作而知止乎禮義，當是時詩尙存也，惟其禮義之澤熄，然後詩之道亡矣。何也？蓋詩者禮義之所止故也。詩亡則美刺之法廢，春秋作則褒貶之法興，使詩之道尙存，則愚知春秋不作矣。蓋美刺之法廢，而無褒貶以繼其後，則亂臣賊子無所忌憚而接迹於後世矣。古之君子號爲善救天下者，知此道而已矣。」

蔡卞這段話，同時把「詩亡然後春秋作」一語的精義，發揮得淋漓盡致。歷來解孟子書者，對「然後」兩字，承接有序之理，都未能涵泳深究，率皆視爲浮辭，而刪節擺脫，致所爲說解，皆不得孟子之意，徒增後人困擾，亦亟待匡謬補闕，玆爲正說於後。

乙、詩亡然後春秋作

嚴虞惇曰：「詩以刺譏諷諫，存王迹於未湮；春秋以筆削褒誅，扶王迹於已墜，春秋所以繼詩亡而作。詩不亡，春秋不作可也。」

王應麟說：

「詩、春秋相表裏，詩之所刺，春秋之所貶也。小雅盡廢，有宣王焉，春秋可以無作也。王風不復雅，君子絕望於平王矣，然雅亡而風未亡，淸議猶懍懍焉。擊鼓之詩，以從孫子仲爲怨，則亂賊之黨，猶未盛也。無衣之詩，待天子之命，然後安，則簒奪之惡，猶有懼也。更齊、宋、晉、秦之伯，未嘗無詩，禮義之維持人心如此，魯有頌而周益衰，變風終於陳靈，而詩遂亡。夏南之亂，諸侯不討，而楚討之，中國爲無人矣，春秋所爲作與。」

范處義曰：

「今觀春秋之褒貶，與詩序相應者蓋多有之：如陳佗、如衞州吁、如鄭忽，皆已爲君；春秋書曰：蔡人殺陳佗，曰衞人殺州吁，曰鄭忽出奔，此書名之例。而詩序亦曰：陳佗不義，曰衞州吁暴亂，曰鄭人刺忽。春秋或書爵，詩序亦曰，凡伯曰芮伯。春秋或書字，詩序亦曰仍叔曰行父。春秋或書人，詩序亦曰周人，曰國人。春秋或書其君，詩序亦曰，刺其君。春秋或書夫人，詩序亦曰，刺衞夫人。春秋或書大夫，詩序亦曰，刺周大夫。此其大略也。至如詩序書請命於周，豈非春秋尊王命之意歟？書王道、書有德、書以禮、書守義、書美、書嘉、書言、書陳、書喜、書樂、書予、書褒賞，豈非春秋與善之意歟？書失道、書無德、書不義、書無禮、書刺、書怨、書惡、書疾、書傷、書憂、書懼、書去之，豈非春秋貶惡之意歟？書思、書閔、書止、書悔、書絕、書責、書誓、書救亂，此春秋反正之意也。書風、書勸、書戒、書勉、書誘、書箴、書規、書誨、書自警，此春秋責備之意也。如書周之君臣，惟文武周公加以聖之一字，餘皆不與焉。如書賢者、書君子、書忠臣、書孝子、書仁人、書善人、書小人、書讒賊、書播惡、書荒淫、書大亂、書大壞之類，皆無曲筆，宜爲聖人之所取也。大抵春秋雖嚴，而其辭深而婉；詩序雖通，而其辭直以著。如春秋止書狄入衞，不言滅也；詩序則曰：衞爲狄所滅。春秋止書城楚丘，不言封也；詩序則曰：齊桓公救而封之。春秋不書曲沃伯爲晉侯：詩序則曰：美武公始幷晉國。春秋不書魯僖公修泮宮；詩序則曰：頌僖公能修泮宮。蓋春秋不與夷狄之滅國，不許諸侯之專封。以武公納寶賂而兼宗國，雖請王命，實以非義而要君；以僖公因其舊而修學校，雖爲美事，亦爲國者所當然，是以不書於經，詩序則並記其實。聖人以春秋之嚴而立一王之法，以詩之通而不忘人之善道，並行而不相悖，其斯之謂歟？」（註二）

嚴虞惇、王應麟與范處義的說解，把「詩亡然後春秋作」的道理括盡無餘了。綜合這幾家「精義爲先儒所未逮」的解說以後，孟子這句話便可以順理成章的解通了。

孟子曰：王者之迹熄而詩亡，詩亡然後春秋作。

孟子說：自從天子不巡狩、太師不陳詩以後，詩便成了雖有若無的局面，諷諭作用盡失，王者再也無從觀風俗、知得失、自考正了。孔子於是寓諷諭之義於史，作春秋，別嫌疑、明是非、定猶豫，善善惡惡，賢賢賤不肖，以垂教於天下後世。

註一　見顧頡剛「詩經在春秋戰國間的地位」一文。後文范處義說可與顧文參看。

註二　春秋有七等進退之義。公羊莊十年傳曰：「州不若國，國不若氏，氏若不人，人不若名，名不若字，字不若子。」疏云：「言荊不如言楚，言楚不如言潞氏、甲氏，言潞氏不如言楚人，言楚人不如言介葛盧，言介葛盧不如言邾婁儀父，言邾婁儀父不如言楚子、吳子。春秋設此七等，以進退當時之諸侯。」

二、「其義則丘竊取之矣」句解

趙岐注：孔子自謂竊取之以爲素王也。孔子人臣，不受君命，私作之，故言竊。亦聖人之謙辭爾。

正義曰：孔子自言之曰：其春秋之義，則丘私竊取之矣。蓋春秋以義斷之，則賞罰之意，於是乎在，是天子之事也，故曰：其義則丘竊取之矣。竊取之者，不敢顯述也。故以賞罰之意，寓之褒貶，而褒貶之意，則寓於一言耳。

朱注：竊取者、謙辭也。蓋言斷之在己，所謂筆則筆、削則削，游夏不能贊一詞者也。尹氏曰：言孔子作春秋，亦以史之文載當時之事也；而其義則定天下之邪正，爲百王之大法。

俞樾說：孔子作春秋，其文其事，本之舊史，其義則所謂筆則筆，削則削，游夏不能贊一辭者。孔子何所取之哉，取者爲也。廣雅釋詁曰：取、爲也。卽此取字之旨。竊取之，猶言私爲之。孔子蓋曰：其義則丘私爲之也。後世治春秋者，不信三科九旨諸說，而但曰經承舊史，史承赴告。則止有其事其文，而孔子之義，付之悠悠矣。

各家之說，可一言以蔽之，曰：「諸史無義而春秋有義。」孔子作春秋，所謂「其義則丘竊取之」者，其詳可得聞乎？曰：此則史公已發之矣。曰：「據魯、親周、故殷，運之三代。約其文辭而指博。故吳楚之君自稱王，而春秋貶之曰子；踐土之會，實召周天子，而春秋諱之曰：天王狩於河陽。」曰貶、曰諱，蓋卽孔子所謂義也。故又曰：「推此類以繩當世；貶損之義，後有王者，舉而開之；春秋之義行，則天下「亂臣賊子懼焉。」」

皮錫瑞以爲

「孔子成春秋，不能使後世無亂臣賊子，而能使亂臣賊子，不能全無所懼。自春秋大義昭著，人人有一春秋之義，在其胸中，皆知亂臣賊子，人人得而誅之，雖極凶悖之徒，亦有魂夢不安之隱；雖極巧辭飾說，以爲塗人耳目之計，而耳目仍不能塗；邪說雖橫，不足以蔽春秋大義。」

餘杭章太炎氏，獨持異議，以爲「義」卽「凡例」之謂，「竊取其義」者，猶云盜其凡例也。其說云：

「說文：事從史、之省聲。史所以記事，可知事卽史也。春秋天子之事者，猶云春秋天子之史記矣。後人解孟子，以爲孔子匹夫而行天子之事，故曰：罪我者其惟春秋。此大謬也。周史秘藏，孔子窺之，而又洩之於外，故有罪焉爾。向來國史實錄，秘不示人，明清兩代，作實錄成，焚其稿本，棄其灰於太液池。以近例遠，正復相似。豈徒國史秘密，其凡例當亦秘密。故又曰：其義則丘竊取之矣。義即凡例之謂，竊取其義者，猶云盜其凡例也。孟子之言至明白，而後人不了其義，遂有漢儒之妄說。」章氏見解，堪稱言人所未言，見人所未見，然持之有故，言之成理，自亦可成一家言。惟如章說，則春秋大義將無所寄矣。如此，則亂臣賊子又安所懼乎？此其說之未盡善也。

三、「春秋、天子之事也」句解

壺遂曰：孔子之時，上無明君，下不得任用，故作春秋，垂空文以斷禮義，當一王之法。

呂大圭曰：

春秋、魯史爾，聖人從而修之，魯史之所書，聖人亦書之，其事未嘗與魯史異也，而其義則異矣。世之盛也，天理明、人心正，則天下之人，以是非爲榮辱；世之衰也，天理不明，人心不正，則天下之人，以榮辱爲是非。孔子之作春秋，要亦明是非之理，以詔天下來世而已。蓋是非者，人心之公理，聖人因而明之，則固有犂然當於人心者。彼亂臣賊子聞之，不懼於身，而懼於心；不懼於明，而懼於暗；不懼於刀鋸斧鉞之臨，而懼於倏然自省之頃；不懼於人欲浸淫日滋之際，而懼於天理一髮未亡之時；此其扶天理、遏人欲之功，顧不大矣乎？自世儒以春秋之作，乃聖人賞善罰惡之書，而所謂天子之事者，謂其能制賞罰之權而已。彼徒見春秋一書，或書名、或書字、或書人、或書爵、或書氏、或不書氏，於是爲之說曰：其書字、書爵、書氏者，褒之也；其書名、書人、不書氏者，貶之也。褒之，故予之；貶之、故奪之。予之，所以代天子之賞；奪之，所以代天子之罰。賞罰之權，天王不能自執，而聖人執之，所謂章有德，討有罪者，聖人固以自任也。夫春秋、魯史也；夫子、匹夫也。以魯國而欲以僭天王之權，以匹夫而欲以操賞罰之柄，夫子本惡天下諸侯之僭天子，大夫之僭諸侯，下之僭上，卑之僭尊，爲是作春秋，以正名分，而己自蹈之，將何以律天下？聖人不如是也。蓋是非者，人心之公，不以有位無位而皆得以言，故夫子得因魯史以明是非賞罰者；天王之柄，非得其位則不敢專也，故夫子不得假魯史以寓賞罰。是非、道也；賞罰、位也。夫子者，道之所在，而豈位之所在乎？且夫夫子，匹夫也，固不得擅天王之賞罰；魯、諸侯之國也，獨可以擅天王之賞罰乎？魯不可擅天王賞罰之權，乃夫子推而予之，則是夫子不敢自僭，而乃使魯僭之，聖人尤不如是也。大抵學者之患，往往在於尊聖人太過，而不明乎義理之當然，欲尊聖人，而實背之。或謂春秋爲聖人變魯之書，或謂變周之文從商之質，或謂兼三代之制，其意以爲夏時、殷輅、周冕、虞韶，聖人之所以告顏淵者，不見諸用，而寓其說於春秋，此皆謬妄之論。夫四代禮樂，孔子所以告顏淵者，亦謂其得志行道，則當如是爾，豈有無其位而修當時之史，乃遽正之以四代之制乎？夫子魯人，故所修者魯史，其時周也，故所用者時王之制，此則聖人之大法也。謂其修於春秋之時，而竊禮樂賞罰之權以自任，變時王之法，兼三代之制，不幾於誣聖人乎？學者妄相傳襲，其爲傷教害義，於是爲甚。後之觀春秋者，必知夫子未嘗以禮樂賞罰之權自任，而後可以破諸儒之說；諸儒之說既破，而後吾夫子所以修春秋之旨，與夫孟子所謂天子之事者，皆可得而知之矣。

趙孟何曰：

春秋、天子之事。乃繼天立極之事，後世以褒貶賞罰爲天子之事者失之。

陸樹聲曰：

孟子曰：春秋、天子之事。蓋以春秋所載，禮樂征伐，大率皆天子之事，而說者遂以爲孔子作春秋，擅二百四十二年南面之權，是以匹夫而僭天子爵賞刑罰之柄矣。夫臣無有作福作威，孔子嘗述之書矣，而乃身自犯之乎？

司馬遷史記自序引董仲舒的話說：

「春秋者、禮義之大宗也。有國者不可以不知春秋，前有讒而弗見，後有賊而不知。爲人臣者不可以不知春秋，守經事而不知其宜，遭變事而不知其權。爲人君父而不通於春秋之義者，必蒙首惡之名；爲人臣子而不通於春秋之義者，必陷簒弒之誅，死罪之名。其實皆以爲善，爲之不知其義，被之空言而不敢辭。夫不通禮義之旨，至於君不君，臣不臣，父不父，子不子。夫君不君則犯，臣不臣則誅，父不父則無道，子不子則不孝。此四行者，天下之大過也。以天下之大過予之，則受而弗敢辭。故春秋者，禮義之大宗也。」

滕文公篇・予豈好辯章，明明白白的指出，孔子所以作春秋，是因爲：「世衰道微，邪說暴行有作，臣弒其君者有之，子弒其父者有之。」所以會有這些悖天逆理的暴行出現，根據司馬遷的說解，便是因爲「不通禮義之旨」所致。因此，很顯然的可以看出孔子作春秋的目的，是要使人人通「禮義之旨」，來禁邪說暴行、來禁亂臣賊子、來扶持世道人心。從而可知所謂「春秋之義」，便是「禮義之旨」。在孔子看來，國家一切制度，皆寄託於禮，無禮則一切制度皆失其準據，而無法運作。禮記、禮運篇記孔子和言偃講述「天下爲公」的大同之治以後，接着講「天下爲家」的小康之治，說那時是「禮義以爲紀，以正君臣、以篤父子，以睦兄弟、以和夫婦、以設制度、以立田里。」並舉出禹、湯、文、武、成王、周公爲那時的代表人物，並說「此六君子者未有不謹於禮者也。」孔子又徵引史實，說明夏、商、周三代的領袖人物，皆是一準於禮「以設制度」的。（註一）

由此可知「以禮說春秋」，才能契合孔子「爲國以禮」、「能以禮讓爲國乎，何有？」的精神。皮錫瑞所以極力稱道司馬遷的見解「尤爲人所未發」，正是因爲他能洞悉「先王之道，所謂修己治人，經緯萬彙者何歸乎？亦曰禮而已矣的道理。」先儒或謂孔子「道歸於爲仁，仁本於復禮」，此就「孔子應答弟子時人、及弟子相與言而接聞於夫子」的論語一書，本質上卽爲一部禮書而可證。董子與司馬遷可謂得聖人之心傳，而呂大圭、趙孟何、陸樹聲等人，亦可以說是深得個中三昧了。

現在，我們可以替「春秋、天子之事」這句話下個結論：

春秋乃是繼天立極之事，旨在闡明是非之理，以詔天下來世。句中的「天子」一詞，指的是「垂空文以斷禮義，當一王之法。」

註　一　參見本師高明先生著禮學新探、原禮篇。

四、「不屑教誨」章、章解

告子下篇

孟子曰：「教亦多術矣。予不屑之教誨也者，是亦教誨之而已矣。」

趙注：我不絜其人之行，故不教誨之。

集注：不以其人爲潔而拒絕之，所謂不屑之教誨也。

趙注及集注俱予人以說理褊狹之感，所謂「氣象不佳」者是也。蓋既言「教亦多術矣。」則拘執於「我不絜其人之行」或「不以其人爲潔」立說，寧非失之太偏乎？

謂「教亦多術矣」者，有

不言之教：

論語、陽貨篇：

子曰：「予欲無言。」子貢曰：「子如不言，則小子何述焉？」子曰：「天何言哉？四時行焉，百物生焉，天何言哉！」

或三隅不反，則不復也：

論語、述而篇：

子曰：「不憤，不啟；不悱，不發；舉一隅，不以三隅反，則不復也。」

此與學記所謂：「道而弗牽，强而弗抑，開而弗達」；「力不能問，然後語之；語之而不知，雖舍之可也。」正可互發。

論語、子罕篇：

或叩兩端而竭於鄙夫：

子曰：「吾有知乎哉，無知也。有鄙夫問於我，空空如也，我叩其兩端而竭焉。」

孟子、盡心上篇：

君子之五教：

孟子曰：君子之所以教者五：有如時雨化之者，有成德者，有達財者，有答問者，有私淑艾者，此五者，君子之所以教也。

孟子、告子下篇：

或謂子之歸求有餘師：

曹交問曰：「人皆可以為堯舜，有諸？」孟子曰：「然。」「交聞文王十尺，湯九尺，今交九尺四寸以長，食粟而已，如何則可？」曰：「奚有於是？亦為之而已矣。有人於此，力不能勝一匹雛，則為無力人矣。今曰舉百鈞，則為有力人矣。然則舉烏獲之任，是亦為烏獲而已矣。夫人豈以不勝為患哉？弗爲耳。徐行、後長者謂之弟，疾行、先長者謂之不弟。夫徐行者，豈人所不能哉？所不爲也。堯舜之道，孝弟而已矣。子服堯之服，誦堯之言，行堯之行，是堯而已矣。子服桀之服，誦桀之言，行桀之行，是桀而已矣。」曰：「交得見於鄒君，可以假館，願留而受業於門。」曰：「夫道若大路然，豈難知哉？人病不求耳。子歸而求之，有餘師。」

或爲挾貴而不答：

孟子、盡心上篇：

公都子曰：「滕更之在門也，若在所禮，而不答，何也？孟子曰：「挾貴而問，挾賢而問，挾長而問，挾有勳勞而問，挾故而問，皆所不答也。滕更有二焉。」

君子自得：

孟子、離婁下篇：

孟子曰：「君子深造之以道，欲其自得之也。自得之，則居之安；居之安，則資之深；資之深，則取之左右逢其原，故君子欲其自得之也。

善養其性：

孟子、離婁下篇：

孟子曰：「人之所以異於禽獸者幾希，庶民去之，君子存之。舜明於庶物，察於人倫，由仁義行，非行仁義他。」

講求標準化：

孟子、告子上篇

孟子曰：「羿之敎人射，必志於彀，學者亦必志於彀。大匠誨人，必以規矩，學者亦必以規矩。」

孟子、盡心上篇

公孫丑曰：「道則高矣美矣，宜若登天然，似不可及也。何不使彼爲可幾及，而日孳孳也。」孟子曰：「大匠不爲拙工，改廢繩墨；羿不爲拙射，變其彀率。君子引而不發，躍如也；中道而立，能者從之。」（註一）

他如「瀆則不告」、「以規矩準繩、爲方圓平直」等，不遑舉矣。聖賢所以敎人之法，如此其多也，則「不屑之敎」，拘執其人之「絜或不潔」立說，非失之太偏乎？

以類求之，惟陳新安、程顥、及見於朱子大全所載之說解，爲能得孟子之旨。

新安陳氏曰：

「不屑敎，非忍而絕之，實將激而進之，是亦多術中敎誨之一術也。」

明道先生曰：

『孟子曰：「敎亦多術矣；予不屑之敎誨也，是亦敎誨之而已矣。」孔子不見孺悲，所以深敎之也。』

朱子曰：

「孟子言不屑之教誨，是亦教誨之。蓋爲不屑之教誨，已是絕之而不復教誨，然其所以警之者，亦不爲不至，故曰是亦教誨之而已矣。」

「不屑之教」，實應作如是解也。

五、論「孔子成春秋而亂臣賊子懼」

孟子滕文公篇記孟子答公都子曰：

「世衰道微，邪說暴行有作，臣弒其君者有之，子弒其父者有之，孔子懼，作春秋。」又曰：

「孔子成春秋而亂臣賊子懼。」

史記、孔子世家亦曰：

『「子曰：「弗乎弗乎，君子病沒世而名不稱焉。吾道不行矣，吾何以自見於後世哉？」乃因史記作春秋，上至隱公，下訖哀公十四年，十二公。據魯、親周、故殷，運之三代。約其文辭而指博。故吳楚之君自稱王，而春秋貶之曰「子」；踐土之會實召周天子，而春秋諱之曰「天王狩於河陽。」推此類以繩當世。貶損之義，後有王者舉而開之。春秋之義行，則天下亂臣賊子懼焉。』

史通、惑經篇云：

「自夫子之修春秋也，蓋他邦之篡賊其君者有三，（原注謂齊、鄭、楚。）本國之弒逐其君者有七。（原注：隱、閔、般、惡、視五君被弒，昭、哀二主被逐也。）

是則「孔子成春秋」，不惟當世之亂臣賊子未必懼，後世且層見疊出，不絕如縷矣；復有邪說爲之掩飾，世亂更無已時，又何懼之有哉？

錢穆先生以爲：

『楚雖稱王，而春秋書之曰子，實晉侯召王，而曰天王狩于河陽。凡此之例，自是孔子正名復禮精神之所託。故曰：「寄一王之法。」「孔子作春秋而亂臣賊子懼。」其說如此。』

皮錫瑞則以爲：「孔子成春秋，不能使後世無亂臣賊子，而能使亂臣賊子不能無懼。」

「孔子成春秋，不能使後世無亂臣賊子，而能使亂臣賊子，不能全無所懼。自春秋大義昭著，人人有一春秋之義，在其胸中，皆知亂臣賊子，人人得而誅之。……………亂賊既懼當時義士，聲罪致討；又懼後世史官，據事直書：如王莽者，多方掩飾，窮極詐僞，以蓋其篡弒者也。如曹丕、司馬炎者，妄託禪讓，褒封先代，篡而未敢弒者也。如蕭衍者，已行篡弒，旋知愧憾，深悔爲人所誤者也。如朱溫者，公行篡弒，猶畏人言，歸罪於人以自解者也。他如王敦、桓溫，謀篡多年，而至死不敢；曹操、司馬懿及身不篡，而留待子孫。凡此等固由人有天良，未盡泯滅，亦由春秋之義，深入人心，故或遲之久而後發，或遲之又久而卒不敢發。卽或貿然一逞，犯天下之不韙，終不能坦懷而自安：如蕭衍見吳均作史，書其助蕭道成篡逆，遂怒而擯吳均。燕王棣使方孝孺草詔，孝孺大書燕賊篡位，遂怒而族滅孝孺。其怒也，卽其懼也。蓋雖不懼國法，而不能不懼公論也。或曰桓溫嘗言不能流芳百世，亦當貽臭萬年。彼自甘貽臭者，又豈能懼清議？曰：桓溫雖有此言，亦止敢行廢立，而未敢行篡弒，正由懼清議之故；且彼自知貽臭，則已有清議在其心矣，安能晏然不一動乎？」

懍懍「清議」，殆即所謂「春秋之義」。所以端正人心，扶持世教，用佐刑罰之窮。後世「崇月旦以佐秋官，進鄉評以扶國是。」即「孔子成春秋而亂臣賊子懼」之遺意也。

顧炎武說：

「兩漢以來，鄉舉里選，必先考其生平，一玷清議，終身不齒。君子有懷刑之懼，小人存恥格之風；教成於下而上不嚴，論定於鄉而民不犯。降及魏晉，而九品中正之設雖多失實，遺意未亡。凡被糾彈、付清議者，即廢棄終身，同之禁錮。至宋武帝篡位，乃詔有犯鄉論清議，贓汙淫盜，一皆蕩滌洗除，與之更始。自後凡遇非常之恩，赦文並有此語。小雅廢而中國微，風俗衰而叛亂作矣。然鄉論之汙，至煩詔書為之洗刷，豈非三代之直道尚在於斯民，而畏人之多言，猶見於變風之日乎？予聞在下有鰥所以登庸，以比三凶不才所以投畀，雖二帝之舉錯，亦未嘗不詢于芻蕘。然則崇月旦以佐秋官，進鄉評以扶國是，儻亦四聰之所先，而王治之不可闕也。」

「天下風俗最壞之地，清議尚存，猶足以維持一二；至於清議亡而干戈至矣。」（註二）

顧氏繼又指出：

「後之為治者，宜何術之操？曰：唯名可以勝之。名之所在，上之所庸，而忠信廉潔者顯榮於世；名之所去，上之所擯，而怙侈貪得者廢錮於家。即不無一二矯偽之徒，猶愈於肆然而為利者。南史有云，漢世士務脩身，故忠孝成俗，至於乘軒服冕，非此莫由；晉宋以來，風衰義缺，故昔人之言，曰名敎、曰名節、曰功名，不能使天下之人以義爲利，而猶使之以名爲利，雖非純王之風，亦可以救積洿之俗矣。」

「夫名敎不崇，則爲人君者謂堯舜不足法，桀紂不足畏；爲人臣者，謂八元不足尚，四凶不足恥，天下豈復有善人乎？人不愛名，則聖人之權去矣。」（註三）

荀悅有言：「道之本仁義而已。五典以經之，祥籍以緯之，施之當時，則爲道德；垂之後世，則爲典經。」孔子空言垂世，所以爲萬世師表者，首在春秋一書。孟子推孔子作春秋之功，可謂天下一治。此蓋春秋有大義微言，施之當時，則「亂臣賊子懼」，「春秋正王道，明大法，孔子爲後世王者而修也。亂臣賊子，誅死者於前，所以懼生者於後。」周敦頤之說良是。垂之後世，「雖不能使後世無亂臣賊子，而能使亂臣賊子，不能全無所懼。」自「人人有一春秋之義在其胸中，縱極凶悖之徒，「雖不懼國法，而不能不懼公論。」「公論」云者、「清議」之謂也。是非曲直，世之公理；故「一玷清議，終身不齒」，「同之禁錮」。其嚴如此，較諸刑罰有過之而無不及。後世「崇月旦以佐秋官，進鄉評以扶國是。」「曰名敎」，「曰名節」，非孔子春秋先路之導乎？程子以爲：「後世以史視春秋，謂褒善貶惡而已；至於經世之大法，則不知也。」劉知幾卽不明此義，致有「孟子言孔子成春秋而亂臣賊子懼，無乃烏有之談」之誤。皮錫瑞斥其「但曉史法，不通經義。」「說春秋者，唐劉知幾爲最謬。」誠不爲過矣。

六、孟子首開「疑古」之風——盡信書、則不如無書

盡心篇下

孟子曰：「盡信書，則不如無書。吾於武成，取二三策而已矣。仁人無敵於天下，以至仁伐至不仁，而何其血之流杵也。」

張南軒曰：

「不以文害辭，不以辭害意，此教人讀詩法也；於武成取二三策而已，此教人讀書法也。」

孟子言書凡二十九，郝敬稱：

「其於書也，曰：「盡信書、不如無書。」其後張霸之武成，孔安國之古文，皆以魚目亂珠，乃知孟子取二三策，其辨精矣。其言道德，必稱堯舜；言征伐，必稱湯武。則知書誠未有如孟子者矣。」

蔣伯潛先生說：

『武成曰：「前徒倒戈，攻於後以北，血流漂杵。」此極言殺人流血之多耳。但北土乾燥，血卽入土，何由積而漂杵？杵以舂米，軍中有現糧，携杵何爲？況紂之徒，既聞武王之言，若崩厥角稽首矣，則倒戈之後，誰復抗之？此言大不近情；孟子疑之，是也。但古書之不可信者，豈僅武成？豈僅此語乎？』

這章書的可貴處，不僅在孟子率先指出書經中極多不可信者，教人以如何讀書之法；尤其難得的是：孟子首開「疑古」之風。由於「疑古」，使我們弄清書經乃至一切古書的眞相，不致被古人所愚。

書經何以極多不可信者？

根本原因是由於「貴古賤近、向聲背實」是學界由來已久的惡劣傳統，流弊所及，演變成「非古不貴」、「非古卽不足以服人」的病態心理，由於這一異常心態作祟，因此，作僞風氣，大盛特盛，蔚爲奇觀。

皮錫瑞說：「尙書僞中作僞，屢出不已，其故有二：一則因秦燔亡失，而篇名多僞；一則因秦燔亡失，而文字多僞。」

「孔子所定之經，惟尙書眞僞難分明，至僞中作僞，屢出不已者，其故有二：一爲秦時燔經，尙書獨受其害。史記云：秦時焚書，亡數十篇。漢書云：書凡百篇，秦焚書禁學，漢興亡失。論衡正說篇云：「蓋尙書本百篇，孔子所授也。遭秦用孝斯之議，燔燒五經，濟南伏生抱百篇藏於山中，孝景皇帝時始存尙書，伏生已出山中，景帝遣鼂錯往，從受尙書二十餘篇。伏生老死，書殘不竟，鼂錯傳於倪寬。又云：至孝景帝時，魯共王壞孔子教授堂以爲殿，得百篇於牆壁中，武帝使使者取視，莫能讀者，遂秘於中，外不得見。至孝成皇帝時，徵爲古文尙書學，東海張霸案百篇之序，空造百兩之篇，獻之成帝，帝出所秘百篇以較之，皆不相應，於是下霸於吏；吏白霸罪當至死，成帝高其才而不誅，亦惜其文而不滅，故百兩之篇，傳在世間者，傳見之人，則謂尙書有百兩篇矣。據此，則以孔子所定本有百篇，遭燔殘缺不全。王充且以爲孔壁所得，亦有百篇，因秘於中而不得見；學者既不得見，而徒聞百篇之名，遂有張霸，出而作僞，後之作僞孔古文者，正襲張霸之故智也。張霸與孔皆僞，究不知眞古文安在？馬、鄭注古文十六篇，世以爲孔壁眞古文。而馬融云：逸十六篇絕無師說，既無師說，眞僞難明，史、漢皆不具其篇目。劉逢祿以爲逸周書之類，非眞古文尚書；證以劉歆引武成卽逸周書世俘解，似亦有據。其書既亡，是非莫決，此因秦燔亡失而篇名多僞者也。一則今文古文，尚書分別獨早，孔壁古文藏於中秘，劉向以中古文校三家，成帝以秘百篇校張霸，皆必是眞古文，後遭新莽赤眉之亂，西京圖籍未必尚存。後漢書杜林傳云：林前於西州得漆書古文尚書一卷，常寶愛之，雖遭艱困，握持不離身，出以示衞宏、徐巡曰：林流離兵亂，常恐斯經將絕，何意東海衞子、濟南徐生，復能傳之，是道竟不墜於地也。古文雖不合時務，然願諸生無悔所學，宏、巡益重之。於是遂行。案杜林古文，馬鄭本之以作傳注，所謂古文遂行也。此漆書或是中秘古文，遭亂佚出者。杜林作蒼頡訓纂、蒼頡故。漢書云：世言小學者由杜公。杜既精於小學，得古文一卷，可以校刋俗本之譌。故賈逵作訓、馬融作傳、鄭玄註解，皆據以爲善本。許愼師賈逵，說文所列古文，當卽賈逵所傳杜林漆書一卷，故其字亦無多。或以爲杜林見孔壁全書，固非；或又以漆書爲杜林僞作，亦非也。說文紛字註引衞宏說，隋書經籍志古文官書一卷、後漢衞敬仲撰。史記儒林傳正義，漢書儒林傳注，皆引作衞宏詔定古文尚書。衞宏傳杜林之學，官書一卷，蓋本杜林。東漢諸儒，多壓今文以尊古文，馬融詆爲俗儒，鄭君疾其蔽冒，於是僞孔所謂隸古定，乃乘虛而入。自唐衞包改爲今文，而隸古定又非其舊，於是宋人之僞古文，又繼踵而起。而據經典釋文敍錄曰：今齊宋舊本、及徐李等音所有古字，蓋亦無幾，穿鑿之徒，務欲立異，依傍字部，改變經文，疑惑後生，不可承用。段玉裁謂按此則唐以前久有此僞書，蓋集說文、字林、魏石經，及一切離奇之字爲之傳，至郭忠恕作古文尙書釋文，此非陸德明釋文也。徐楚金、賈昌朝、夏竦、丁度、宋次道、王仲至、晁公武、宋公序、朱元晦、蔡仲默、王伯厚皆見之；公武刻石於蜀，薛季宣取爲書古文訓，此書僞中之僞，不足深辨。今或以爲此卽僞孔序，所謂隸古者亦非也。又謂按尙書自有此一種與今本絕異者，此則僞中之僞，至於擅造文字。此又因秦燔亡失而文字多僞者也。」

又漢書藝文志云：

「劉向以中古文校歐陽大小夏侯三家經文，酒誥脫簡一，召誥脫簡二，率簡二十五字者，脫亦二十五字；簡二十二字者，脫亦二十二字。文字異者七百有餘，脫字數十。」

像這種「篇名多僞」、「文字多僞」、「僞中之僞至於擅造文字」，加有「脫簡」、「脫字」、「文字異者七百有餘」的書，如何可信？又如何能信？孟子「於武成取二三策而已」，郝敬推許「其辨精矣。」洵爲知言：因爲就孟子的語氣看，但「取二三策而已」，則其餘絕大部分皆不可信而遭汰去，自不待言。我們於欽敬孟子首開「疑古」之風的同時，尤其不能不佩服他的「魄力」，讀古人書而能不被古人所愚，除了「眼力」，便全靠「魄力」。

細究書經的「歷史」，還眞可以寫成一部「集無奇不有之大成」的「尙書傳奇錄」，它的「出世」，充滿了「傳奇性」，情節離奇曲折，令人難以置信：

其一：自「漢興，改秦之敗，大收篇籍，廣開獻書之路」以後，（註四）作僞者便絡繹於途，此起彼仆：今文先出，古文後出，後出之古文尙書，竟有三本之多：一爲孔氏之壁書，一爲張霸之百兩，一爲杜林之漆書，可謂荒唐之至。而傳今文的伏生，則尤富戲劇性，他是以九十餘高齡的垂暮之年，出膺重任：

漢書儒林傳：

「伏生故爲秦博士，孝文時，求能治尙書者，天下亡有，聞伏生治之，欲召，伏生時年九十餘，老，不能行，乃詔太常使掌故晁錯往受之。秦時焚書，伏生壁藏之，其後兵火起，流亡。漢定，伏生求其書，亡數十篇，獨得二十九篇，卽以教於齊魯之間。」

僞孔傳序：

「濟南伏生，年過九十，失其本經，口以傳授。」

以九十餘風燭殘年的老翁，在「失其本經」的情況下，竟能「口以傳授」，一樣的令人感到不可思議。

其二：泰誓篇的問世，也充滿了神秘的色彩：

劉向、別錄云：

「民有得太誓於壁內者，獻之，與博士，使讀說之，數月皆起，傳以教人。」

論衡、正說篇曰：

「至孝宣皇帝之時，河內女子發老屋，得逸易、禮、尚書各一篇，奏之。宣帝下示博士，然後易、禮、尚書各益一篇，而尚書二十九篇始定。」

所謂：「民有得太誓於壁內者。」「河內女子發老屋」，這類字眼，使人一望而知是憑空杜撰之辭。故

陸德明經典釋文敍錄說：

「漢宣帝本始中，河內女子得泰誓一篇，獻之。與伏生所誦合三十篇。漢世行之。然泰誓年月不與書序相應。又不與左傳、國語、孟子諸書所引泰誓同，馬鄭王肅諸儒皆疑之。」

其三、作僞者何以對尚書情有獨鍾？也令人百思不得其解。照理，秦皇焚書，受害最烈的應是周官，而不是「尚書獨受其害」：

賈公彥周禮廢興序：

「周官、孝武之時始出，秘而不傳。周禮後出者，以其始皇特惡之故也。是以馬融傳云：秦自孝公以下，用商君之法，其政酷烈，與周官相反，故始皇禁挾書，特疾惡，欲絕滅之，搜求焚燒之獨悉。」

則周官應已「體無完膚」，正是那班有作僞怪癖者，一展身手的絕佳機會。然竟興趣缺缺，獨垂青於尚書，更令人困惑不已。

僞書充斥，企圖魚目混珠，是我們傳統文化的一大特色。從尚書的「僞中作僞」，屢出不已，可

見「貴古賤近」思想的流毒，不惟歷史悠久，而且深入人心，根深蒂固。由於孟子的「疑古」，開啟後人努力追查尙書眞相的動機，經過歷代經師大儒不遺餘力的考證，如今我們終於瞭解了「張霸與孔皆僞」，杜林漆書，「或是中秘古文遭亂佚出者」，「以漆書爲杜林僞作亦非也。」而匠心獨運，得以流傳至今日的「僞古文尙書」，也被人揭開了它的眞面目，尙書公案，總算大白於世了。

施德操說：「孟子有大功四：道性善一也，明浩然之氣二也，闢楊墨三也，黜五霸而尊三王四也。是四者，發孔氏之所未談，述六經之所不載。」筆者以爲：「首開疑古之風」，才是孟子對後世最大的貢獻，應該排名第一。由於「疑古」，而有「辨僞」的動機；由於「辨僞」，使我們弄淸一切古書的眞相，不致被古人所愚。唐子西嘗曰：「前世儒臣，引經誤國，其禍至於伏屍百萬，流血千里。」（註五）此可以見「疑古」、「辨僞」的重要性。後世以「疑古」自命，以「疑古」相標榜，以「疑古」爲能事而自鳴得意，以「疑古」克享盛名見重於時者，應知首開「疑古」之風的不是別人，正是「道統」的傳人——孟子。

七、「不素餐兮」章辨正

盡心篇上

公孫丑曰：詩曰：「不素餐兮」。君子之不耕而食，何也？孟子曰：「君子居是國也，其君用之，則安富尊榮；其子弟從之，則孝弟忠信。「不素餐兮」，孰大於是？

這章書是否有可議之處？孟子答公孫丑所問詩義有無不妥？筆者所以要提出來討論，目的在駁斥顧頡剛的謬說。

如所周知，顧氏攻訐孟子「以意逆志」的說詩法，可謂無所不用其極，大有勢不兩立之概，忘情之餘，竟連這章書也搬出來痛駁一番：

顧氏「詩經在春秋戰國間的地位」一文，第五章評「孟子說詩」：

『他雖說用自己的意去「逆」詩人的志，但看得這件事太便當了，做的時候太鹵莽了，到底只會用自己的意去「亂斷」詩人的志。再看他和公孫丑論詩的一節：

公孫丑曰：詩曰：不素餐兮。君子之不耕而食，何也？孟子曰：君子居是國也，其君用之，則安富尊榮；其子弟從之，則孝弟忠信。不素餐兮。孰大於是？

我們試把魏風伐檀篇翻來一證：

坎坎伐檀兮，寘之河之干兮。河水清且漣兮。不稼，不穡，胡取禾三百廛兮？不狩不獵，胡瞻爾庭有縣貆兮？彼君子兮，不素餐兮。

這明明是一首罵君子不勞而食的詩。那時說「君子」，猶後世說「大人先生」，只是「貴」的意思，並沒有「好」的意思。所說「不素餐」，猶說「豈不素餐」，——大雅、文王篇：「世之不顯」，即是「世之豈不顯」；左傳襄二十五年，「甯子視君不如弈棋」，即是「甯子視君豈不如弈棋」，

——全沒有「其君用之，則安富尊榮；其子弟從之，則孝弟忠信」的意思。不但沒有，並且適在孟子所說的反面。公孫丑的問句並沒有錯，孟子的回答却大錯了。

這種的以意逆志，眞覺得危險萬分。回想春秋時人的斷章取義，原是說明本於自己的意思，代他們立一個題目，可以說是「以意用詩」。以意用詩，則我可這樣用，你可那樣用，本來不必統一。至於孟子，他是標榜「以意逆志」的人，詩人的志本只有一個，不能你這樣猜，我那樣猜。這原是一件很難的事，然而孟子却輕輕的襲用了「以意用詩」的方法，去把「以意逆志」的名目冒了。

他一個人胡亂說不要緊，影響到後來的學者，一一照了他的路走，遺毒可就不小。』（註六）

看了顧文以後，使人想起傅斯年先生的名言：「六經雖在專門家手中，也是半懂半不懂的東西。」實在一點也不過分。

首先，顧氏費了九牛二虎之力，解釋「不素餐兮」一語，引大雅、文王篇，左氏襄公二十五年傳，證明：所說「不素餐」，猶說「豈不素餐。」如此費盡周折，令人有啼笑皆非之感。我們不但不欣賞他「引經據典」的能耐，反而懷疑他是否已看懂了孟子這章書？因爲這句話，公孫丑已解釋得清清楚楚了：詩曰：「不素餐兮。」君子之不耕而食，何也？「君子之不耕而食」，不正就是「不素餐兮」一語的正詁嗎？又何煩顧氏代勞？「說經必宗古義，義愈近古，愈可信據。」（註七）想必顧氏也絕對支持這個道理，不然的話，他就不會動輒「引經據典」了。

其次，「這明明是一首罵君子不勞而食的詩」是一點也不錯的；但這與孟子「以意逆志」的說詩法全然扯不上關係，因爲這首詩「詞明意暢」，可以說「無待於解者」，根本用不着「以意去逆」，孟子答公孫丑問，也不曾以「意」去「逆」。何況這章書，全文上下，只在「不素餐兮」一語打轉而已，與全詩沒有半點關連，也就是說：

公孫丑所問的，只是：「君子是否有可以不耕而食之道？」純然是針對當時的環境而發。

顧氏卻說：

『那時說「君子」，猶後世說「大人先生」，只是「貴」的意思，並沒有「好」的意思，——全沒有「其君用之，則安富尊榮；其子弟從之，則孝弟忠信」的意思。不但沒有，並且適在孟子所說的反面。公孫丑的問句並沒有錯，孟子的回答卻大錯了。』

顧氏這一番話，令人大惑不解。這位同時擁有「史學大師」兼「國學大師」雙重尊號的大學者，他的史學知識，究竟用到那裏去了？因爲：

第一：那時的「君子」一詞，如果眞如顧氏所說：『猶後世所說「大人先生」，只是「貴」的意思，並沒有「好」的意思。』那麼試問：衞風、淇澳之詩：「瞻彼淇澳，菉竹猗猗；有斐君子，如切如磋，如琢如磨，瑟兮僩兮，赫兮喧兮，有斐君子，終不可諠兮。」小雅、南山有臺之詩：「樂只君子，邦家之光。」「樂只君子，民之父母；樂只君子，德音不已。」大雅、假樂之詩：「假樂君子，顯顯令德；宜民宜人，受祿于天。」以上各詩中的「君子」一詞，是否也都『沒有「好」的意思？』這顯然是欺人之談。

第二：卽使顧說可據，但與孟子時代的「君子」一詞，意義已完全不同，這是盡人皆知的事實。

孟子時代的「君子」一詞，指的是「仁義禮智根於心」的才德之士：

盡心篇上

「廣土衆民，君子欲之，所樂不存焉。中天下而立，定四海之民，君子樂之，所性不存焉。君子所性，雖大行不加焉，雖窮居不損焉，分定故也。君子所性，仁義禮智根於心，其生色也，睟然見於面，盎於背，施於四體，不言而喩。」

論語以「君子」「成人」爲理想之人格標準。孟子則曰「大人」、曰「大丈天」。離婁篇曰：「非禮之禮，非義之義，大人弗爲。」又曰：「大人者，言不必信，行不必果，惟義所在。」又曰：「大人者，不失其赤子之心者也。」盡心篇曰：「居惡在，仁是也；路惡在？義是也。居仁由義，大人之事備矣。」是大人者，能居仁由義，而不失其赤子之心者也；言行皆合於義者也。滕文公篇曰：「居天下之廣居，立天下之正位，行天下之大道，得志與民由之，不得志獨行其道，富貴不能淫，貧賤不能移，威武不能屈，此之謂大丈夫。」（註八）

這樣「仁義脩乎身」的「君子」，「居是國也，其君用之，則安富尊榮，如其未用，子弟從之，則亦薰陶乎孝弟忠信之習而足以善俗。」（註九）還有疑問嗎？如何會是「適在孟子所說的反面？」眞不知顧氏是怎麼讀這章書的？

並且孟子首倡「分工」之理，痛駁許行「君民並耕而食」之說。其實，「許行所謂神農之言，乃後世稱述上古之事，失其義理者耳。」（註一〇）「後世小道，必推古聖賢爲宗，以求取信於世故也。」（註一一）「貴古賤近」思想的流毒，入人心之深，可說已到了氾濫成災的地步了。朱子以爲：「當時民淳事簡，容或有如許行之說者；及乎世變風移，至於唐虞之際，則雖神農復生，亦當隨時以立政，而不容固守其舊矣。況許行之妄，乃欲以是而行於戰國之時乎？」讀這章書，我們是必得要先注意到這一點。

滕文公上篇

『有爲神農之言者許行，自楚之滕，踵門而告文公曰：「遠方之人，聞君行仁政，願受一廛而爲氓。」文公與之處，其徒數十人，皆衣褐，捆屨織席以爲食。陳良之徒陳相與其弟辛，負耒耜而自宋之滕，曰：「聞君行聖人之政，是亦聖人也；願爲聖人氓。」陳相見許行而大悅，盡棄其學而學焉。陳相見孟子，道許行之言曰：「滕君則誠賢君也；雖然，未聞道也。賢者與民並耕而食，饔飧而治。今也滕有倉廩府庫，則是厲民而以自養也，惡得賢？」

孟子曰：「許子必種粟而後食乎？」曰：「然。」「許子必織布而後衣乎？」曰：「否。許子衣褐。」「許子冠乎？」曰：「冠。」曰：「奚冠？」曰：「冠素。」曰：「自織之與？」曰：「否。以粟易之。」曰：「許子奚爲不自織？」曰：「害於耕。」

曰：「許子以釜甑爨，以鐵耕乎？」曰：「然。」「自爲之與？」曰：「否。以粟易之。」

「以粟易械器者，不爲厲陶冶；陶冶亦以其械器易粟者，豈爲厲農夫哉？且許子何不爲陶冶，舍皆取諸其宮中而用之？何爲紛紛然與百工交易？何許子之不憚煩？」曰：「百工之事，固不可耕且爲也。」

「然則治天下獨可耕且爲與？有大人之事，有小人之事。且一人之身而百工之所爲備。如必自爲而後用之，是率天下而路也。故曰：「或勞心，或勞力。」勞心者治人，勞力者治於人。治於人者食人，治人者食於人，天下之通義也。」

「當堯之時，天下猶未平，洪水橫流，氾濫於天下。草木暢茂，禽獸繁殖。五穀不登，禽獸偪人，獸蹄鳥跡之道，交於中國；堯獨憂之，舉舜而敷治焉。舜使益掌火，益烈山澤而焚之，禽獸逃匿。禹疏九河，瀹濟漯而注諸海；決汝漢，排淮泗，而注之江，然後中國可得而食也。當是時也，禹八年於外，三過其門而不入，雖欲耕得乎？

后稷教民稼穡，樹藝五穀。五穀熟而民人育。人之有道也，飽食煖衣，逸居而無教，則近於禽獸。聖人有憂之，使契爲司徒，教以人倫：父子有親，君臣有義，夫婦有別，長幼有序，朋友有信。放勳曰：「勞之來之，匡之直之，輔之翼之，使自得之；又從而振德之。」聖人之憂民如此，而暇耕乎？

堯以不得舜爲己憂，舜以不得禹、皐陶爲己憂。夫以百畝之不易爲己憂者，農夫也。分人以財謂之惠，教人以善謂之忠，爲天下得人者謂之仁。是故以天下與人易，爲天下得人難。孔子曰：「大哉，堯之爲君，惟天爲大，惟堯則之。蕩蕩乎，民無能名焉。君哉，舜也。巍巍乎，有天下而不與焉。」堯舜之治天下，豈無所用其心哉？亦不用於耕耳。

吾聞用夏變夷者，未聞變於夷者也。陳良、楚產也。悅周公仲尼之道，北學於中國；北方之學者，未能或之先也。彼所謂豪傑之士也。子之兄弟，事之數十年，師死而遂倍之。昔者，孔子沒，三年之外，門人治任將歸，入揖於子貢，相嚮而哭，皆失聲，然後歸。子貢反，築室於場，獨居三年，然後歸。他日，子夏、子張、子游，以有若似聖人，欲以所事孔子事之，彊曾子。曾子曰：「不可。江漢以濯之，秋陽以暴之，皜皜乎不可尙已！」今也南蠻鴃舌之人，非先王之道，子倍子之師而學之，亦異於曾子矣。吾聞出於幽谷，遷於喬木者；未聞下喬木而入於幽谷者。魯頌曰：「戎狄是膺，荆舒是懲。」周公方且膺之，子是之學亦爲不善變矣。

「從許子之道，則市賈不二，國中無僞。雖使五尺之童適市，莫之或欺。布帛長短同，則賈相若；麻縷絲絮輕重同，則賈相若；五穀多寡同，則賈相若；屨大小同，則賈相若。」曰：「夫物之不齊，物之情也。或相倍蓰，或相什伯，或相千萬。子比而同之，是亂天下也。巨屨小屨同賈，人豈爲之哉？從許子之道，相率而爲僞者也，惡能治國家。』

這章書對公孫丑所問的：「君子是否有可以不耕而食之道？」可以說作了最詳盡的解答了。「有大人之事，有小人之事。且一人之身而百工之所爲備。如必自爲而後用之，是率天下而路也。故曰：或勞心，或勞力。勞心者治人，勞力者治於人。治於人者食人，治人者食於人，天下之通義也。」所謂「言而世爲天下則。」「百世以俟聖人而不惑。」只有孟子這段「放諸四海而皆準」的精闢理論，可以當之無愧。卽使是今日社會，也正努力朝着「分工合作，相輔相成；各盡所能，各取所需」的路走，如此，「君子何爲而不可食祿？」

盡心篇這章書，無論從那個角度來看，可以說絕對無懈可擊：公孫丑的問句「固然並沒有錯」，而孟子的回答，則不僅「更沒有錯」。反而是精彩萬分。孟子一生的事功，對後世有極大貢獻且影響深遠的，除了上篇所提到的『首開「疑古」之風』以外，還要再加上一筆，那就是『首創「分工」之理』，這是何等偉大的創見，——眞正的「民到于今受其賜。」

顧氏的「疑古」精神與皇皇讜論，贏得無數人的讚佩，這是無可爭議的事實。但有時不免走火入魔，罔顧情理，以致不擇手段，也同樣事證俱在——一、『那時說「君子」，猶後世說「大人先生」，只是「貴」的意思，並沒有「好」的意思。』便是信口雌黃的欺人之談。二、明明是公孫丑引伐檀詩中的一句「不素餐兮」，向孟子請教「君子因何而有可以不耕而食之理？」這在公孫丑來說，是百分之百的「引詩以足言」；孟子則闡明「分工」之理，理到而語精，根本不曾解釋伐檀詩的詩義。顧氏卻故意扭曲這章書的面貌，强誣孟子只會用自己的意去「亂斷」詩人的志，致使後人對這章書發生誤解，是十分令人遺憾的。「註六經誤，其禍遲而大。」以顧氏之博學，是應該懂得這個道理才對。至於他所說的孟子「以意逆志」的說詩法，是否眞的「危險萬分」、「遺毒不小」，筆者在下一篇「孟子詩學發微」，有詳細的辯解。

八、孟子詩學發微

雅言之敎，以詩爲首。自孔子沒，獨孟子之傳爲得其宗。孟子以命世亞聖之大才，繼志述事，踵事增華，故所論讀詩法，多孔子之所未發，所謂「孔子言其略，孟子言其詳」是也。（註一二）

陳啓源、毛詩稽古編云：

「歐陽永叔言孟子去詩世近，而最善言詩，推其所說詩義，與今敍意多同，斯言信矣。源因考諸孟子所論讀詩之法，其要不外二端：一曰誦其詩、不知其人，可乎？是以論其世。一曰說詩者，不以文害詞，不以詞害志。然則學詩者，必先知詩人生何時？事何君？且感何事而作詩？然後其詩可讀也。誠欲如此，舍小敍奚由入哉？何則？凡記載之文，以詞紀世；議論之文，以詞達意，故觀其詞而世與意顯然可知。獨詩則不然：除文王、清廟、生民數篇外，其世之見於詞者，寥乎罕聞矣。又寓意深遠，多微詞渺旨：或似美而實刺，或似刺而實美，其意不盡在詞中，尤難臆測而知。夫論世方可誦詩，而詩不自著其世；得意方可說詩，而詩又不自白其意；使後之學詩者，何自而入乎？古國史之官，早慮及此，故詩所不載者，則載之於敍；其曰某王某公某人者，是代詩人著其世也；其曰某之德、某之化、美何人、刺何人者，是代詩人白其意也。既知其世，又得其意，因執以讀其詩，譬猶秉燭，而求物於暗室中，百不失一矣。故有詩必不可以無敍也。舍敍而言詩，此孟子所謂害意者也，不知人、不論世者也。不如不讀詩之愈也。」

郝敬曰：

「詩三百，古序其來已舊，後儒以辭害志，如咸邱蒙、高叟之輩，孟子敎之：不以文害辭，不以辭害志，以意逆志。此千古學詩心法。孟子與賜、商言詩意正同，然則知詩未有如孟子者矣。」

王應麟亦有「以意逆志、詩之綱也」之言，則其爲千古學詩心法」，誠非過譽之詞。考孟子一書，援詩凡三十五，「與賜、商言詩意正同。」賜、商言詩，實爲「比興說詩之嚆矢」，此意筆者前已發之，今參以孟子說詩之法，益知所謂「孟子言其詳」之理矣。

孟子、萬章篇：

咸丘蒙曰：……詩云：「普天之下，莫非王土；率土之濱，莫非王臣。」而舜既爲天子矣，敢問瞽瞍之非臣，如何？曰：是詩也，非是之謂也，勞於王事而不得養父母也。曰：此莫非王事，我獨賢勞也。故說詩者，不以文害辭，不以辭害志，以意逆志，是爲得之。如以辭而已矣，雲漢之詩曰：「周餘黎民，靡有孑遺。」信斯言也，是周無遺民也。

趙岐注：人情不遠，以己之意，逆詩人之志，是爲得其實矣。

朱熹注：言說詩之法，不可以一字而害一句之義，不可以一句而害設辭之志，當以己意迎取作者之志，乃可得之。若但以其辭而已，則如雲漢所言，是周之民眞無遺種矣。惟以意逆之，則知作詩者之志，在於憂旱，而非眞無遺民也。

輔慶源曰：以文害辭，是泥一字之文，而害一句之辭也；以辭害意，是泥一句之辭，而害詩人設辭之意也。意是己意，志是詩人之志，以我之意，迎取詩人之志，然後可以得之。

諸錦曰：詩之學與他經異：他經直而明，詩則曲而婉，言在於此而意屬於彼。故必如莊子所云「吾虛與之委蛇」而言不盡者見，此孟子所謂：「不以文害辭，不以辭害志，以意逆志，是爲得之」之說也。

可見「以意逆志」，確爲讀詩要訣。詩多夸飾形容之語，如拘執於文詞，則不惟雲漢之詩不可解，卽三百篇亦舉皆不可解矣。

究其實，則「以意逆志」，卽「以比興說詩」之意也。「詩之爲比興者，其寄情或深於賦。」（註一三）此由「興、比皆喻而體不同」，故「稱名也小，取類也大。」此理不明，拘執文詞，卽無以會其言外意。咸丘蒙所以不知：北山之詩，乃「勞於王事、而不得養父母也」；雲漢之詩，是「作詩者之志在於憂旱，而非眞無遺民也。」其故在此。

陳啟源曰：

「興、比皆喻而體不同。興者興會所至，非卽非離，言在此，意在彼；其詞微、其旨遠。比者一正一喻，兩相比況；其詞決，其旨顯，且與賦交錯而成文，不若興語之用以發端，多在首章也。」

文心雕龍、比興篇云：

「觀夫興之託諭，婉而成章，稱名也小，取類也大。關雎有別，故后妃方德；尸鳩貞一，故夫人象義。義取其貞，無從于夷禽；德貴其別，不嫌於鷙鳥。明而未融，故發注而後見也。

且何謂爲比？蓋寫物以附意，颺言以切事者也。故金錫以喩明德，珪璋以譬秀民，螟蛉以類敎誨、蜩螗以寫號呼，澣衣以擬心憂，席卷以方志固，凡斯切象，皆比義也。至於麻衣如雪，兩驂如舞，若斯之類，皆比類也。」

是「比、興」皆不離「託諭」之爲用：或託諭鳥獸草木，或托意男女，寄情深矣，苟非「以意逆志」，如何會得言外意？

㈠、託諭鳥獸草木

如：

詩、周南、樛木

「南有樛木，葛藟纍之。」

此詩以樛木下曲而垂，葛藟得而上蔓之；託喩后妃能以恩意下逮衆妾，則衆妾亦親附而事之。尊卑有序，禮義亦俱盛也。

詩、小雅、緜蠻之篇

「緜蠻黃鳥，止於丘隅。」

此詩不過喩小臣之擇卿大夫，有仁者依之。

孔子推而至於「爲人君、止於仁；與國人交、止於信。

詩、大雅、旱麓之篇

「鳶飛戾天，魚躍于淵。」

此詩不過喻惡人遠去，而民之喜得其所。

子思推之：「上察乎天，下察乎地。」故

葉向高、六家詩名物疏序云：

「詩之爲比興者，其寄情或深於賦。而比興之物，又必有其義：如關雎之配偶、棠棣之兄弟、蔦蘿之親戚、蜉蝣之娛樂，鴇羽之憂勞，皆非泛然漫爲之說。故善說詩者，擧其物而義可知也。不辨其物而强繹其義，詩之旨日微，而性情日失矣。」

㈡、託意男女

皮錫瑞說：風人多託意男女不可以文害辭

「漢書食貨志曰：男女有不得其所者，因相與歌詠，各言其傷。春秋之月，群居者將散，行人振木鐸徇于路，以采詩獻之大師，比其音律，以聞于天子。何休公羊解詁曰：男女有所怨恨，相從而歌；飢者歌其食、勞者歌其事。男年六十、女年五十無子者，官衣食之，使之民間求詩。鄉移於邑、邑移於國，國以聞於天子。據此二說，則風詩實有民間男女之作，然作者爲民間男女，而其怨刺者不必皆男女淫邪之事。朱子乃以詞意不莊，近於褻狎者，皆爲淫詩，且爲淫人所自作。陳傅良謂以彤管爲淫奔之具，城闕爲偸期之所，竊所未安，藏其說不與朱子辨。朱子謂陳君擧兩年在家中解詩，未曾得見。

近有人來說，君舉解詩，凡詩中所謂男女事，不是說男女，皆是說君臣，未可如此一律。今人解經，先執偏見，類如此。錫瑞按：陳止齋詩說，今不可得見，據朱子謂其以說男女者爲說君臣，則風人之義，實當有作如是解者。朱子楚辭集注曰：楚人之詞，其寓情草木，託意男女，以極游觀之適者，變風之流也。其敍事陳情，感古懷今，以不忘乎君臣之義者，變雅之類也。其語祀神歌舞之盛，則幾乎頌，而其變也。又有甚焉：其爲賦則如騷經首章之云也，比則香草惡物之類也，興則託興。興詞初不取義，如九歌沅芷澧蘭、以興思公子而未敢言之屬也。朱子以詩之六義說楚辭，以託意男女爲變風之流，沅芷澧蘭爲思公子而未敢言爲興，其於楚辭之託男女，近於褻狎而不莊者，未嘗以男女淫邪解之，何獨於風詩之託男女近於褻狎者，必盡以男女淫邪解之乎？後世詩人得風人之遺者，非止楚辭，漢唐諸家近於比興者，陳沆詩比興箋已發明之。初唐四子託於男女者，何景明明月篇序，已顯白之。古詩如傅毅孤竹，張衡同聲，繁欽定情，曹植美女，雖未知其於君臣朋友，何所寄託？要之必非實言男女。唐詩如張籍君知妾有夫一篇，乃在幕中卻李師道聘作，託於節婦而非節婦。朱慶餘洞房昨夜停紅燭一篇，乃登第後謝薦舉作，託於新嫁娘而非新嫁娘，皆不待箋釋而明者。卽如李商隱之無題，韓偓之香奩，解者亦以爲感慨身世，非言閨房。以及唐宋詩餘：溫飛卿之菩薩蠻，感士不遇；韋莊之菩薩蠻，留蜀思唐；馮延巳之蝶戀花，忠愛纏綿；歐陽修之蝶戀花，爲韓范作；張惠言詞選已明釋之。此皆詞近閨房，實非男女，言在此而意在彼，可謂之接迹風人者。不疑此而反疑風人，豈非不知類乎？孟子曰：故說詩者不以文害辭，不以辭害志，以意逆志，是爲得之。以託意男女而據爲實言，正以文害辭，以辭害志，而不知以意逆志者也。」

馬端臨統論孔、孟說詩之法，於孟子詩學，尤多發明：

「蓋嘗以孔子、孟子之所以說詩者讀詩……孔子之說曰：誦詩三百，一言以蔽之，曰思無邪。孟子之說曰：說詩者不以文害辭，不以辭害志，以意逆志，是爲得之。夫經非所以誨邪也，而戒其無邪；辭所以達意也，而戒其害意，夫詩發乎情者也，而情之所發，其辭不能無過，故其於男女夫婦之間，多憂思感傷之意；而君臣上下之際，不能無怨懟激發之辭。十五國風，爲詩百五十有七篇，而其爲婦人作者，男女相悅之辭，幾及其半：雖以二南之詩，如關雎、桃夭諸篇，爲正風之首，然其所反覆詠歎者，不過情慾燕私之事耳。漢儒嘗以關雎爲刺詩，此皆昧於無邪之訓，而以辭害意之過，而況邶邪鄘之末流乎？故其怨曠之悲、遇合之喜，爲有人心者所不能免；而其志切、其辭哀，習其讀而不知其旨，易以動盪人之邪情泆志，而況以鋪張揄揚之辭，而序淫佚流蕩之行乎？然詩人之意，則非以爲是而勸之也。蓋知詩人之意者，莫如孔、孟；慮學詩者讀詩而不得其意者，亦莫如孔孟。是以有無邪之訓焉，則以其辭之不能不鄰乎邪也；使篇篇如大明、文王，則奚邪之可閑乎？是以有害意之戒焉，則以其辭之不能不戾其意也。」

「善觀詩者，當推詩外之意；善論詩者，當達詩中之理。」（註一四）惟「不以文害辭，不以辭害志，以意逆志」，始克臻此。

告子篇下

公孫丑問曰：高子曰：「小弁、小人之詩也。」孟子曰：「何以言之？」曰：「怨。」曰：「固哉！高叟之爲詩也。有人於此，越人關弓而射之，則己談笑而道之；無他，疏之也。其兄關弓而射之，則己垂涕泣而道之；無他，戚之也。小弁之怨，親親也。親親、仁也。固矣夫，高叟之爲詩也。曰：「凱風何以不怨？」曰：「凱風、親之過小者也。小弁、親之過大者也。親之過大而不怨，是愈疏也；親之過小而怨，是不可磯也。愈疏、不孝也；不可磯、亦不孝也。

朱自清說：

『高子因小弁詩怨親，便以爲是小人之詩；公孫丑並舉出凱風詩的不怨親作反證。孟子說，詩也可以怨親，只要怨得其中。他解釋爲什麼小弁篇的怨是得中，凱風篇的不怨也是得中。而得中是仁，也是孝。高子以爲凡是怨親都不得中，他的看法未免太死了，他那種看法就是過中。孟子評他爲「固」，「固」就是「詩之失愚」的「愚」。像孟子的論詩，才是「溫柔敦厚而不愚」，才是「深於詩。」』（註一五）

觀孟子小弁、凱風二詩所爲說解，心領而神會之，則「三百篇於我何有哉！」」（註一六）

註　一　「教亦多術」所列項目，參考孟子正義及胡適中國古代哲學史、第十篇、第二章、「孟子」。
註　二　見顧炎武、日知錄卷十三、「清議條」。
註　三　見顧炎武、日知錄卷十三、「名教」條。

註 四　見漢書藝文志。

註 五　朱子曰：『客有問陶弘景：「註易與本草孰先？」陶曰：「註易誤，不至殺人；註本草誤，則有不得其死者。」世以爲知言。唐子西嘗曰：「弘景知本草而未知經。註本草誤，其禍疾而小；註六經誤，其禍遲而大。前世儒臣，引經誤國，其禍至於伏屍百萬，流血千里。」』

註 六　顧文刊古史辨第三冊。

註 七　皮錫瑞語。

註 八　見蔣伯潛先生著十三經概論、第八編第四章：「論修養與教學。」（孟子）

註 九　張南軒說。

註一〇　程子之言。見四書章句集注。

註一一　陳新安說。

註一二　徐積之言。

註一三　見葉向高、六家詩名物疏序。

註一四　鄭樵語。

註一五　引自朱自清、詩言志辨。

註一六　「孟子詩學發微」，可與拙著「以意逆志、詩之綱也」一文參看。該文刊孔孟學報第四十五期。

「通經致用」的再出發

一、引言

處今日社會，談所謂「通經致用」問題，自然不會再是什麼「以禹貢治河、以洪範察變、以春秋決獄、以三百五篇當諫書。」也不會是「以半部論語治天下」，更不會是「經術苟明，其取靑紫如俛拾地芥」了。

話雖如此，但我們對於中國經學史上最大特色的「通經致用」問題，是有必要作一番「歷史」的回顧，寫伊里亞特的荷馬曾經說過：「一個獃子在事後也是聰明的。」獃子所以能在事後聰明，乃是由於人類有檢討錯誤和修正錯誤的能力。今日之無分中外，所以要把「歷史」列爲各級各類學校的共同必修課程，主要的目的就是要我們去參考祖先失敗的敎訓和成功的經驗，用以做爲後代子孫充當時代舵手時寶貴的指針和借鏡。何況「通經致用」，不僅曾經有過一段輝煌的歲月，而在「滔滔者天下皆是也」的今天，我們如果能在去蕪存菁和矯正方向這兩方面下一番功夫的話，那麼「通經致用」是必然有它再出發的價值在。

二、最早的「通經致用」

最早的「通經致用」，見於

左傳閔公元年　齊桓公欲取魯。仲孫湫對曰：不可。猶秉周禮。周禮，所以本也。臣聞之，國將亡，本必先顚，而後枝葉從之。魯不棄周禮，未可動也。

則古者以治經與否，觀國之興廢也。又

左氏昭公十八年傳　周原伯魯不悅學。閔子馬曰：「周其亂乎？夫必多有是說而後及其大人，大人患失而惑。」又曰：「可以無學，無學不害。不害而不學，則苟而可。於是乎下陵上替，能無亂乎？夫學猶殖也。不學將落。原氏其亡乎？」

則以學經與否，觀家之存亡也。經之於人，其重也如此。

從上舉二例，可知治經與否，不僅關係到「家之存亡」，也影響到「國之興廢」。其所以如此，我想蔣巖的一段話可以作最好的說明：

「道之大原出於天，天有是道而不能言，故託諸聖人言之。易、書、詩、禮、樂、春秋，此聖人之言而天地之道也。非易無以立天地之心，非書無以紀帝王之迹，詩以導風俗之美，春秋以嚴王霸之辨，禮以節民，樂以和人，用是訓天下萬世，一日不可廢。」

方孝儒有更進一步的闡發：

「聖人嘗言，誦詩三百，不達於政，雖多，亦奚以爲。是學詩可以爲政也。豈惟詩爲然，傳稱書以道政事，漢儒春秋斷大政，則書與春秋，亦政事所自出也。易以冒天下之道，舉而措之民謂之事業，則可爲政者莫大乎易。記禮者謂班朝治軍，涖官行法，敎訓正俗，分爭辨訟，非禮皆不可，則禮又政之本也。」

因此，到了漢朝，乃有明經取士之舉：

史記儒林列傳

「叔孫通作漢禮儀，因爲太常；諸生弟子共定者，咸爲選首。」

「武安侯田蚡爲丞相，絀黃老刑名百家之言，延文學儒者數百人，而公孫弘以春秋白衣爲天子三公，封以平津侯。天下之學士靡然鄉風矣。公孫弘爲學官，悼道之鬱滯，乃請……爲博士官置弟子五十人……郡國縣道邑有好文學，敬長上，肅政敎，順鄉里，出入不悖所聞者……詣太常，得受業如弟子。一歲皆輒試，能通一藝以上，補文學掌故缺；其高弟可以爲郎中者，太常籍奏。卽有秀才異等，輒以名聞。」

這不僅是漢代明經取士的盛典，也開了後世明經取士的先河。由於有了這一創舉，使登進人材，以通經爲第，仕乃出於一途，著之功令，頒爲敎條，「自此以來，則公卿大夫士吏斌斌多文學之士矣。」

就是一件值得大書特書的事情。直到今天，人們口中猶津津樂道所謂「學而優則仕。」因此，儘管這一舉措，後世曾有非議，但在「書缺簡脫、禮壞樂崩」，經學亟待大力提倡的時候，無論如何是值得讚揚的。何況那個時候講究的是「通經致用」：

三、「通經致用」乃西漢今文之學，簡明有用：以禹貢治河，以洪範察變、以春秋決獄、以三百五篇當諫書。治一經得一經之益也。

皮錫瑞說：「通經致用」乃西漢今文之學，簡明有用；以禹貢治河，以洪範察變，以春秋決獄，以三百五篇當諫書，治一經得一經之益也。」

日本漢學家本田成之也說：「前漢諸儒的偉大處所就是通經致用，經學不是書在紙上的空理，乃是應用於實際政治上而做着可驚的活動的。這點無論前後皆不見其例。」

這種「無論前後皆不見其例」，「應用於實際政治上而做着可驚的活動」的「通經致用」，其犖犖大者，便是

一、以禹貢治河

漢書平當傳

「當以經明禹貢，使行河，爲騎都尉，領河隄。」

又漢書溝洫志

「哀帝初，平當使領河隄，奏言：九河今皆寘滅，按經義治水，有決河深川，而無隄防壅塞之文，河從魏郡以東，北多溢決，水迹難以分明。四海之衆不可誣，宜博求能浚川疏河者。」

禹平洪水，功施乎三代。古人有言：「微禹之功，吾其魚乎。」尙書禹貢篇就是記他治水的經過的。雖然這篇未必眞是禹所作，却也不失爲中國地理學史裏第一篇大文字。在經書中，講地理最有系統和最有眞實性的，也推着它了。（註一）平當因爲「經明禹貢」，故「使行河」，這是「通經致用」的顯例。

二、以洪範察變

漢書夏侯勝傳

「勝少孤，好學，從始昌受尙書及洪範五行傳，說災異。又從歐陽氏問。爲學精熟，所問非一師也。會昭帝崩，昌邑王嗣立，數出。勝當乘輿前諫曰：天久陰而不雨，臣下有謀上者，陛下出欲何之？王怒，謂勝爲妖言，縛以屬吏。吏白大將軍霍光，光不擧法。是時，光與車騎將軍張安世謀欲廢昌邑王。光讓安世以爲泄語，安世實不言。乃召問勝，勝對言：在洪範傳曰『皇之不極，厥罰常陰，時則下人有伐上者』，惡察察言，故云臣下有謀。光、安世大驚，以此益重經術士。後十餘日，光卒與安世白太后，廢昌邑王，尊立宣帝。光以爲羣臣奏事東宮，太后省政，宜知經術，白令勝用尙書授太后。」

尚書裏的洪範，把人事的「貌、言、視、聽、思」和天氣的「雨、暘、燠、寒、風」合在一起。它說，國君的貌正了，雨就照着時候，不多不少地降下來了；倘若不正，這雨也就降個不歇，成了淫雨。其他言和暘，視和燠，……也都有這樣的關係。作者的宗旨和月令一樣，要使應該下雨的時候下雨，應該刮風的時候刮風，得其時亦得其正；本來是一個極平常的意思。但他以爲天氣都和君王的一舉一動有關，這却是神秘的排列式了。到了漢代，更把這篇文字放大爲洪範五行傳，說貌如不正，不但有淫雨之災，還要有服妖，有龜孽，有雞禍，有青眚青祥，有下體生在上身的病；其他四種也有這類的怪現象（註二）。洪範五行傳今雖不傳，無以窺其梗概。惟是天人本不相遠，至誠可以前知：夏侯勝以治尚書及洪範五行傳，爲學精熟，見重朝廷，使朝廷益重經術之士——羣臣奏事，太后省政，宜知經術，且令勝「用尚書授太后」，有定策安宗廟之功。「年九十卒官，太后爲素服五日，以報師傳之恩，儒者以爲榮。」誠所謂「治一經得一經之益」了。

三、以春秋決獄

漢書董仲舒傳

「仲舒在家，朝廷如有大議，使使者及廷尉張湯就其家而問之，其對皆有明法。」

後漢書應劭傳

「故膠西相董仲舒老病致仕，朝廷每有政議，數遣廷尉張湯親至陋巷，問其得失。於是作春秋決獄二百三十二事，動以經對。」

漢書藝文志有公羊董仲舒治獄十六篇。

又漢書張湯傳

「是時，上方鄉文學，湯決大獄，欲傅古義，乃請博士弟子治尚書、春秋，補廷尉史，平亭疑法。」

史記平準書

「自公孫弘以春秋之義繩臣下取漢相，張湯用峻文決理爲廷尉，於是見知之法生，而廢格沮誹窮治之獄用矣。」

又漢書雋不疑傳

「雋不疑字曼倩，勃海人也。治春秋，爲郡文學，進退必以禮，名聞州郡。不疑爲吏，嚴而不殘。

始元五年，有一男子乘黃犢車，建黃旐，衣黃襜褕，著黃冒，詣北闕，自謂衞太子。公車以聞，詔使公卿將軍中二千石雜識視。長安中吏民聚觀者數萬人。右將軍勒兵闕下，以備非常。丞相御史中二千石至者並莫敢發言。京兆尹不疑後到。叱從吏收縛。或曰：是非未可知，且安之。不疑曰：諸君何患於衞太子，昔蒯聵違命出奔，輒距而不納，春秋是之。衞太子得罪先帝，亡卽不死，今來自詣，此罪人也。遂送詔獄。

天子與大將軍霍光聞而嘉之，曰：公卿大臣當用經術明於大誼。繇是名聲重於朝廷，在位者皆自以不及也。」

司馬遷史記自序引董仲舒的話說：「夫春秋，上明三王之道，下辨人事之紀，別嫌疑，明是非，定猶豫，善善惡惡，賢賢賤不肖；……王道之大者也。」所謂「善善惡惡，賢賢賤不肖」，便是褒貶之意。孔子之時，上無明君，下不得任用，故作春秋，垂空文以斷禮義，當一王之法：故曰：「春秋者，天子之事，知我罪我，其惟春秋。」褒有榮於華袞，貶有嚴於斧鉞，以文字筆誅繩當世，因此，司馬遷說：「有國者不可以不知春秋，前有讒而弗見，後有賊而不知。爲人臣者不可以不知春秋，守經事而不知其宜，遭變事而不知其權。爲人君父而不通於春秋之義者，必蒙首惡之名。爲人臣子而不通於春秋之義者，必陷篡弒之誅，死罪之名。其實皆以爲善，爲之不知其義，被之空言而不敢辭。夫不通禮義之旨，至於君不君，臣不臣，父不父，子不子。夫君不君則犯，臣不臣則誅，父不父則無道，子不子則不孝。此四行者，天下之大過也。以天下之大過予之，則受而弗敢辭。故春秋者，禮義之大宗也。夫禮禁未然之前，法施已然之後，法之所爲用者易見，而禮之所爲禁者難知。」皮錫瑞以爲「太史公述所聞於董生者，微言大義，兼而有之，以禮說春秋，尤爲人所未發。學者但知春秋近於法家，不知春秋通於禮家；知春秋之法可以治已然之亂臣賊子，不知春秋之禮足以禁未然之亂臣賊子。」漢儒宗聖徵經，以春秋決獄，實有取於「春秋辯是非，故長於治人」之理。

四、以三百五篇當諫書

漢書儒林傳王式條云

「王式，字翁思，東平新桃人也。事免中徐公及許生，爲昌邑王師。昭帝崩，昌邑王嗣立，以行淫亂廢，式繫獄，當死。治事使者責問曰：「師何以無諫書？」式對曰：「臣以詩三百五篇朝夕授王，至於忠臣孝子之篇，未嘗不爲王反復誦之也；至於危亡失道之君，未嘗不流涕爲王深陳之也。臣以三百五篇諫，是以無諫書。」使者以聞，亦得減死論，歸家，不教授。諸博士皆素聞其賢，共薦式，詔除下爲博士。」

又漢書匡衡傳

「成帝卽位，衡上疏戒妃匹，勸經學威儀之則，曰：妃匹之際，生民之始，萬福之原。婚姻之禮正，然後品物遂而天命全。孔子論詩以關雎爲始，言太上者民之父母，后夫人之行不侔乎天地，則無以奉神靈之統而理萬物之宜。故詩曰：『窈窕淑女，君子好逑。』言能致其貞淑，不貳其操，情欲之感無介乎容儀，宴私之意不形乎動靜，夫然後可以配至尊而爲宗廟主。此綱紀之首，王教之端也，自上世已來，三代興廢，未有不由此者也。」

孟子說：「王者之迹熄而詩亡，詩亡然後春秋作。」王應麟於是有「詩、春秋相表裏，詩之所刺，春秋之所貶也」的說法。孔子作的春秋是「約其文辭而指博」，給人一種大義凜然的感覺；詩則主文而譎諫，言之者無罪，聞之者足以戒。」因此，詩大序說：「正得失、動天地、感鬼神，莫近於詩。先王以是經夫婦、成孝敬、厚人倫、美教化、移風俗。」以前子擊好晨風黍離而慈父感悟，周磐誦汝墳卒章，而爲親從仕；王裒誦蓼莪，而三復流涕；裴安祖講鹿鳴，而兄弟同食。這些人眞可以說是深得詩之三昧了。據近人的統計，「美刺詩占風雅詩全數的百分之五十九，『美』詩才二十八篇，而『刺』詩便有一百二十九篇。」漢儒所以「以三百五篇當諫書」，想來便是著眼於詩「主文而譎諫」的特質上，關於這一點，清儒焦循的見解最是鞭辟入裏，毛詩補疏序說：「夫詩溫柔敦厚者也，不質直言之，而比興言之；不言理而言情，不務勝人，而務感人。自理道之說起，人各挾其是非，以逞其血氣，激濁揚清，本非謬戾，而言不本於性情，則聽者厭倦，至於傾軋之不已，而忿毒之相尋。以同爲黨，卽以比爲爭。甚而假宮闈廟祀儲貳之名，動輒千百人哭於朝門，自鳴忠孝，以激其君之怒，害及其身，禍於其國，全戾乎所以事父事君之道。余讀明史，每歎詩教之亡，莫此爲甚。夫聖人以一言蔽三百曰思無邪。聖人以詩設教，其去邪歸正奚待言。所教在思，思者睿也。思則情得，情得則兩相感而不疑，故示之於民，則民從；施之於僚友，則僚友協；誦之於君父，則君父怡然釋。不以理勝，不以氣矜，而上下相安於正。無邪以思，致思則以嗟歎永歌、手舞足蹈而致。管子曰：止怒莫如詩。劉向曰：夫詩思然後積，積然後流，流然後發，詩發於思，思以勝怒，以思相感，則情深而氣平矣。此詩之所以爲教歟。」焦循又說：「學詩三百，於序既知其爲刺某某之詩矣，而諷味其詩文，則婉曲而不直言，寄託而多隱語，故其言足以感人，而不以自禍。卽如節南山雨無正小弁等作，亦惻怛纏綿，不傷於直，所以爲千古事父事君之法也。」

五、以經義斷事

漢書蕭望之傳

「神爵三年，代丙吉為御史大夫。五鳳中匈奴大亂，議者多曰匈奴為害日久，可因其壞亂舉兵滅之。詔遣中朝大司馬車騎將軍韓增，諸吏富平侯張延壽，光祿勳楊惲、太僕戴長樂問望之計策，望之對曰：春秋晉士匄帥師侵齊，聞齊侯卒，引師而還，君子大其不伐喪，以為恩足以服孝子，誼足以動諸侯。前單于慕化鄉善稱弟，遣使請求和親，海內欣然，夷狄莫不聞。未終奉約，不幸為賊臣所殺，今而伐之，是乘亂而幸災也，彼必奔走遠遁。不以義動兵，恐勞而無功。宜遣使者弔問，輔其微弱，救其災患，四夷聞之，咸貴中國之仁義。如遂蒙恩得復其位，必稱臣服從，此德之盛也。」上從其議，後竟遣兵護輔呼韓邪單于定其國。

又漢書賈捐之傳

「賈捐之字君房，賈誼之曾孫也。元帝初即位，上疏言得失，召待詔金馬門。」

初，武帝征南越，元封元年立儋耳、珠厓郡，皆在南方海中洲居，廣袤可千里，合十六縣，戶二萬三千餘。其民暴惡，自以阻絕，數犯吏禁，吏亦酷之，率數年一反，殺吏，漢輒發兵擊定之。自初為郡至昭帝始元元年，二十餘年間，凡六反叛。至其五年，罷儋耳郡並屬珠厓。元帝初元元年，珠厓又反，發兵擊之。諸縣更叛，連年不定。上與有司議大發軍，捐之建議，以為不當擊。上使侍中駙馬都尉樂昌侯王商詰問捐之曰：「珠厓內屬為郡久矣，今背畔逆節，而云不當擊，長蠻夷之亂，虧先帝功德，經義何以處之？」捐之對曰：

「臣聞堯舜，聖之盛也，禹入聖域而不優，以三聖之德，地方不過數千里，西被流沙，東漸于海，朔南暨聲教，迄于四海，欲與聲教則治之，不欲與者不彊治也。以至乎秦，興兵遠攻，貪外虛內，務欲廣地，不慮其害。然地南不過閩越，北不過太原，而天下潰畔，禍卒在於二世之末。

詩云：蠢爾蠻荆，大邦爲讎。言聖人起則後服，中國衰則先畔，動爲國家難，自古而患之久矣，何況乃復其南方萬里之蠻乎！駱越之人父子同川而浴，相習以鼻飲，與禽獸無異，本不足郡縣置也。顓顓獨居一海之中，霧露氣濕，多毒草蟲蛇水土之害，棄之不足惜，不擊不損威。臣愚以爲非冠帶之國，禹貢所及，春秋所治，皆可且無以爲。願遂棄珠厓。」

珠厓由是罷。

又漢書毋將隆傳

毋將隆字君房，東海蘭陵人也。哀帝卽位，以高第入爲京兆尹，遷執金吾。時侍中董賢方貴，上使中黃門發武庫兵，前後十輩，送董賢及上乳母王阿舍。隆奏言：武庫兵器，天下公用，國家武備，繕治造作，皆度大司農錢。大司農錢自乘輿不以給共養，共養勞賜，壹出少府。蓋不以本臧給末用，不以民力共浮費，別公私，示正路也。古者諸侯方伯得顓征伐，乃賜斧鉞。漢家邊吏，職在距寇，亦賜武庫兵，皆任其事然後蒙之。春秋之誼，家不臧甲，所以抑臣威，損私力也。今賢等便僻弄臣，私恩微妾，而以天下公用給其私門，契國威器共其家備。民力分於弄臣，武兵設於微妾，建立非宜，以廣驕僭，非所以示四方也。孔子曰：「奚取於三家之堂」！臣請收還武庫。

又漢書張敞傳

「張敞爲京兆尹，朝廷每有大議，引古今，處便宜，公卿皆服，天子數從之。」

「以經義斷事」固不僅上舉數端，其他如皮錫瑞說：「皇帝詔書，羣臣奏議，莫不援引經義，以爲據依。國有大疑，輒引春秋爲斷。一時循吏，多能推明經意，移易風化，號爲以經術飾吏事。漢治近古，實由於此。蓋其時公卿大夫士吏未有不通一藝者也。」良由漢初法制未備，而「徒善不足以爲政，徒法不能以自行。詩云：不愆不忘，率由舊章。遵先王之法而過者，未之有也。」漢書藝文志便說：「唐虞之隆，殷周之盛，仲尼之業，已試之效者也。」六經就是先王之政典——書者著德之理於竹帛而陳之，令人觀焉，以著所從事；詩者志德之理而明其指，令人緣之以自成；易者察人之精德之理與弗循，而占其吉凶；春秋者守往事之合德之理與不合，而紀其成敗，以爲來事師法；禮者體德理而爲之節文，成人事；樂者書、詩、易、春秋、禮五者之道備，則合於德矣，合則讙然大樂矣。（註三）所謂「誦詩讀書，與古人居；讀詩誦書，與古人謀。」（註四）「三代而後，聖王不作，於是孔子出，以六經治天下，決是非，定好惡，使天下曉然知如是爲經常之道。越志者欲有所肆焉，民得執常道以格之，故亂臣賊子，不旋踵而誅。是六經者，天下之法律也。天下之所以治而亂，亂而復治者，以六經在也。」（註五）西漢經生，「求天地之道于易，求帝王之道於書，求諸侯之道于春秋，求大夫士之道于禮，求民物之道于詩。」（註六）因此，「以之爲己，則順而祥；以之爲人，則愛而公；以之爲心，則和而平；以之爲天下國家，無所處而不當。」（註七）

從以上的論述，可知「漢崇經術，實能見之施行」的話（註八），是一點也不錯的。凡學有用則盛，因此，自「武帝爲博士官置弟子五十人，復其身。」到「昭帝時舉賢良文學，增博士弟子員滿百人。宣帝末，增倍之。元帝好儒，能通一經者，皆復。數年，以用度不足，更爲設員千人，郡國置五經百石卒史。成帝末；或言孔子布衣養徒三千人，今天子太學弟子少，於是增弟子員三千人。歲餘，復如故。平帝時，王莽秉政，增元士之子得受業如弟子，勿以爲員，歲課甲科四十人爲郎中，乙科二十人爲太子舍人，丙科四十人補文學掌故。」（註九）經生卽使不得大用，而亦得有出身。於是遂有所謂「靑紫拾芥」之語：

漢書夏侯勝傳

「始，勝每講授，常謂諸生曰：士病不明經術；經術苟明，其取靑紫如俛拾地芥耳。學經不明，不如歸耕。」

有「黃金滿籯，不如教子一經」之說

漢書韋賢傳

「賢四子，長子方山爲高寢令，次子弘，至東海太守；次子舜，留魯守墳墓；少子玄成，復以明經歷位至丞相。故鄒魯諺曰：「遺子黃金滿籯，不如教子一經。」

四、儒之途通而其道亡

經之官學，成了梯榮致顯之捷徑。雖說「在上者欲持一術以聳動天下，未有不導以祿利而翕然從之者。」（註一〇）但「誘以利祿，儒之途通而其道亡。」却也是不爭的事實。

方苞說：

「古未有以文學爲官者；以德進，以事舉，以言揚；詩、書六藝，特用以通在物之理，而養其六德、成其六行焉耳。……其以文學爲官，始於叔孫通弟子，以定禮爲選首；成於公孫弘，請試士於太常；而儒術之汙隆自是中判矣。」

「弘之興儒術也，則誘以利祿，……由是儒之道汙，禮義亡，而所號爲文學者，亦與古異矣。」

「由弘以前，儒之道雖鬱滯而未嘗亡；由弘以後，儒之途通而其道亡矣。」

本田成之也說：

「從漢武帝、宣帝以來，只管以經術作爲取青紫之具，就很有人表示不滿，而述其反抗的氣概者就是禮記儒行篇。」

誠然，「功名之際，人臣之所難處。」王侯將相，公卿大夫，此人爵之最通顯者；堂高數仞，榱題數尺；食前方丈，侍妾數百人；般樂飲酒，驅騁田獵，後車千乘；此享受之最令人羨慕者，能不動心者幾希？當此之時，持祿保位之已恐不及，因之既得人爵而棄其天爵者，往往而有：

張禹爲丞相，外戚王氏專政，禹不敢有所匡救。

孔光爲丞相，時王莽權威日盛，光憂懼幾不知所出。遂上書乞骸骨。

馬宮爲丞相，王莽篡位，竟以宮爲太子師。

他如劉歆靦首爲莽國師，揚雄亦以莽大夫見譏史家，皆朱雲所謂佞臣者流。

漢書朱雲傳

「成帝時，丞相故安昌侯張禹以帝師位特進，甚尊重。雲上書求見，公卿在前。雲曰：今朝廷大臣上不能匡主，下無以益民，皆尸位素餐，孔子所謂『鄙夫不可與事君』，『苟患失之，無所不至』者也。臣願賜尙方斬馬劍，斷佞臣一人，以厲其餘。」

誠所謂「痛哉斯言」了。

五、東漢所以振衰起弊之道——後漢經生孜孜矻矻，窮理至本，所談者仁義，所傳者聖法也。

西漢經學，惟誘之以利祿而大盛，亦惟誘之以利祿而儒之道亡。它的癥結所在以及東漢所以振衰起弊之道，顧炎武有極爲精闢的見解：

日知錄論兩漢風俗條

「漢自孝武表章六經之後，師儒雖盛而大義未明，故新莽居攝，頌德獻符者徧於天下。光武有鑒於此，故尊崇節義，敦厲名實，所舉用者莫非經明行修之人，而風俗爲之一變。至其末造，朝政昏濁，國事日非，而黨錮之流，獨行之輩，依仁蹈義，舍命不渝，風雨如晦，鷄鳴不已。三代以下，風俗之美，無有尙於東京者！」

豈止是「風俗爲之一變」，士風也爲之一變，學風也爲之一變。據後漢書儒林傳及皮錫瑞經學歷史：

「光武帝鑒於新莽阿諛成風，廉恥道喪，風俗之壞爲前此所無。故卽位後，擧逸民，賓處士，褒崇節義，凡所施爲，力矯前代之失；尊經必尊其能實行經義之人，取士必經明行修，蓋非專重其文，而必深考其行。以言敎化，則東漢經生，孜孜矻矻，窮理至本，所談者仁義，所傳者聖法也。故人識君臣父子之綱，家知違邪歸正之路。自桓靈之間，君道秕僻，朝綱日陵，國隙屢啓。自中智以下靡不審其崩離，而權強之臣息其窺盜之謀，豪俊之夫屈於鄙生之議者，人誦先王言也，下畏逆順勢也。跡其衰敝之所由致，而能多歷年所者，斯其非學之效乎！」

而一切變革，都植基於尊經重學之上，所謂「君子如欲化民成俗，其必由學。」

後漢書儒林列傳序

「光武中興，愛好經術，未及下車，而先訪儒雅，採求闕文，補綴漏逸。先是四方學士多懷協圖書，遁逃林藪。自是莫不抱負墳策，雲會京師，范升、陳元、鄭興、杜林、衞宏、劉昆、桓榮之徒，繼踵而集。於是立五經博士，各以家法敎授，易有施、孟、梁丘、京氏，尙書歐陽、大小夏侯，詩齊、魯、韓，禮大小戴，春秋嚴、顏，凡十四博士，大常差次總領焉。

建武五年，乃修起太學；中元元年，初建三雍。明帝正坐自講，諸儒執經問難於前，冠帶搢紳之人，圜橋門而觀聽者蓋億萬計。其後復爲功臣子孫、四姓末屬別立校舍，搜選高能，以受其業，自期門羽林之士，悉令通孝經章句，匈奴亦遣子入學。濟濟乎，洋洋乎，盛於永平矣。

建初中，大會諸儒於白虎觀，考詳同異，連月乃罷。肅宗親臨稱制，如石渠故事，顧命史臣，著爲通義。又詔高才生受古文尚書、毛詩、穀梁、左氏春秋，雖不立學官，然皆擢高第爲講郎，給事近署，所以網羅遺逸，博存衆家。孝和亦數幸東觀，覽閱書林。及鄧后稱制，樊準、徐防並陳敦學之宜，順帝感翟酺之言，乃更修黌宇。本初元年，詔大將軍下至六百石，悉遣子就學，自是遊學增盛，至三萬餘生。」

又後漢書儒林列傳論曰：

「自光武中年以後，干戈稍戢，專事經學，自是其風世篤焉。其服儒衣，稱先王，遊庠序，聚黌塾者，蓋布之於邦域矣。若乃經生所處，不遠萬里之路，精廬暫建，贏糧動有千百，其耆名高義開門受徒者，編牒不下萬人，皆專相傳祖，莫或訛雜。至有分爭主庭，樹朋私里，繁其章條，穿求崖穴，以合一家之說。揚雄所謂譊譊之學，各習其師也。」

根據以上各家的說法，我們可以得到這樣的概念：「師儒雖盛，而大義未明」一語，可以說道盡了西漢「通經致用」末流之弊所由生，而光武帝「舉逸民，賓處士，褒崇節義」，足以流芳千古的改革措施，則把「通經致用」帶入一個新的方向，顧炎武於稱道之餘，還特別語重心長地說：「使後代之主，循而弗革，卽流風至今，亦何不可？」眞眞是暮鼓晨鐘，發人深省的「有心人語」，本文前面說的我們如果能在「去蕪存菁」和「矯正方向」這兩方面下一番功夫的話，那麼「通經致用」更是有它再出發的價值在，指的正是這一點。以下我分別舉出幾個典型的範例：

六、「通經致用」的再出發——讀書明理、替天行道。

一、關於「舉逸民、賓處士」者

後漢書逸民列傳嚴光條

嚴光字子陵，會稽餘姚人也。少有高名，與光武同遊學。及光武即位，乃變名姓，隱身不見。帝思其賢，乃令以物色訪之。後齊國上言：「有一男子，披羊裘釣澤中」。帝疑其光，乃備安車玄纁，遣使聘之。三反而後至。舍於北軍，給牀褥，太官朝夕進膳。

車駕卽日幸其館。光臥不起，帝卽其臥所，撫光腹曰：「咄咄子陵，不可相助爲理邪？」光又眠不應，良久，乃張目熟視，曰：「昔唐堯著德，巢父洗耳。士固有志，何至相迫乎！」帝曰：「子陵，我竟不能下汝邪？」於是升輿歎息而去。

復引光入，論道舊故，相對累日。因共偃臥，光以足加帝腹上。明日，太史奏客星犯御坐甚急。帝笑曰：「朕故人嚴子陵共臥耳。」

除爲諫議大夫，不屈，乃耕於富春山，後人名其釣處爲嚴陵瀨焉。建武十七年，復特徵，不至。

年八十，終於家。帝傷惜之，詔下郡縣賜錢百萬，穀千斛。

本田成之說：「由於光武帝好學貴人品，敬慕那不屈於天子，耿介絕俗的嚴子陵，把後漢一代的民心奮然興起了。」又說：「其恬淡之趣，前漢實無其人。且因此種人物一出世，後漢書別作獨行、逸民等傳，在人間榮華以外，開闢一種理想的世界，這似乎是經學的反動，然間接地可以說是受了經學的影響。雖飛於空中，仍是以地面爲基的呀！」

經學的感化力量，所以能在人間榮華富貴以外，開闢一種理想的世界，是因爲在經學的精神文化所到之時，人就成了秩序的、優雅的、同時多少有成爲柔弱的傾向。所謂「溫柔敦厚、疏通知遠、廣博易良、絜靜精微、恭儉莊敬、屬辭比事」，便是其人身通六藝，深有得於詩、事、樂、易、禮、春秋之教以後的結果。其行爲特質，除了「隱居以求其志、行義以達其道」，勢利不屈其心，去就不違其義的逸民以外，另一種便是尙友古人，誦其詩，讀其書，視「萬般皆下品，唯有讀書高」的書生，其代表人物，便是集漢學之大成的鄭玄。

本田成之說：「鄭玄之尤偉大處，就是以經學作爲學問且使其獨立的事。從來所謂經學，是『祿利之道』，是作爲得一官吏資格的手段。甚至應用於政策，欲達到所謂一個什麼目的，其手段方法就是把孔子抬出來或是高唱經學。鄭玄則反之，他既經歸農鄉里，仕宦之意，自然是沒有了。只以六經爲聖人之道所在，樂於從事，一生勤勉不息，只是耽於注經著述，只是尊經書，樂經書，所謂不以今人爲徒，而與百世聖人爲徒。像前漢儒者那樣，以孔子是爲漢制法的那種狼狽思想，是絲毫也沒有了。

無論前後漢，出於鄭玄之上的學者是沒有的。」

後漢書鄭玄傳贊說：

「自秦焚六經，聖文埃滅，漢興，諸儒頗修藝文。及東京，學者亦各名家，而守文之徒，滯固所稟，異端紛紜，互相詭激。遂令經有數家，家有數說，章句多者或乃百餘萬言，學徒勞而少功，後生疑而莫正。鄭玄括囊大典，網羅衆家，刪裁繁蕪，刊改漏失，自是學者略知所歸。」

皮錫瑞尤其推崇備至，他說：

「鄭君康成，以博聞彊記之才，兼高節卓行之美；著書滿家，從學盈萬。當時莫不仰望，稱伊、雒以東，淮漢以北，康成一人而已。咸言先儒多闕，鄭氏道備。自來經師未有若鄭君之盛者也。」

「治道原於士風，士風本於學術。」（註一一）惟篤信好學，守死善道，然後可以爲經師人師。荀卿有言「志意脩則驕富貴，道義重則輕王公。」鄭玄以治經爲畢生志業，「在人間榮華富貴以外」，所開闢的理想世界，使他不僅贏得國相孔融的深深禮敬——尊其鄉曰「鄭公鄉」，爲廣開門衢，號曰通德門。連「黃巾寇青郡」，都「相約不入縣境。」這位一代經學大師傳奇性的際遇，對後世尊經重學所發生的深遠影響，絕不是前漢的「明經取士」所能望其項背的。

二、關於褒崇節義者

由於光武帝「舉逸民、賓處士」的結果，造成了一種貴名節、重義氣，敢於爲他人所不敢爲的風尙。因此，東京二百載中，志士仁人，不絕如縷，鬼神泣壯烈的感人事跡，尤其所在多有。

後漢書儒林傳楊政條

楊政字子行，京兆人也。少好學，從代郡范升受梁丘易，善說經書。京師爲之語曰：「說經鏗鏗楊子行。」

范升嘗爲出婦所告，坐繫獄，政乃肉袒，以箭貫耳，抱升子潛伏道傍，候車駕，而持章叩頭大言曰：「范升三娶，唯有一子，今適三歲，孤之可哀。」武騎虎賁懼驚乘輿，舉弓射之，猶不肯去；旄頭又以戟叉政，傷胸，政猶不退。哀泣辭請，有感帝心，詔曰：「乞楊生師。」卽尺一出升。政由是顯名。

後漢書儒林傳歐陽歙條

歐陽歙字正思，樂安千乘人也。自歐陽生傳伏生尙書，至歙八世，皆爲博士。

歙既傳業，而恭謙好禮讓。王莽時爲長社宰，更始立，爲原武令。光武卽位，封被陽侯。

歙在郡，敎授數百人，視事九歲，徵爲大司徒。坐在汝南臧罪千餘萬發覺下獄。諸生守闕爲歙求哀者千餘人，至有自髡剔者。平原禮震，年十七，聞獄當斷，馳之京師，行到河內獲嘉縣，自繫，上書求代歙死。曰：「伏見臣師大司徒歐陽歙，學爲儒宗，八世博士，而以臧罪當伏重辜。歙門單子幼，未能傳學，身死之後，永爲廢絕，上令陛下獲殺賢之譏，下使學者喪師資之益。乞殺臣身以代歙命。」書奏，而歙巳死獄中。歙掾陳元上書追訟之，言甚切至，帝乃賜棺木，贈印綬，賻縑三千匹。

又後漢書李固傳

李固，字子堅。少好學，究覽墳籍，結交英賢。沖帝時，固爲太尉，及沖帝崩，質帝遇弑，固與杜喬欲立清河王蒜，大將軍梁冀竟立桓帝，誣固下獄，遂見害。

冀乃露固尸於四衢，令有敢臨者加其罪。固弟子汝南郭亮，年始成童，遊學洛陽，乃左提章鉞，右秉鈇鑕，詣闕上書，乞收固屍。不許，因往臨哭，陳辭於前，遂守喪不去。夏門亭長呵之曰：「李杜二公爲大臣，不能安上納忠，而興造無端。卿曹何等腐生，公犯詔書，干試有司乎？」亮曰：「亮含陰陽以生，戴乾履坤。義之所動，豈知性命，何爲以死相懼？」亭長歎曰：「居非命之世，天高不敢不跼，地厚不敢不蹐。耳目適宜視聽，口不可以妄言也。」太后聞而不誅。

又後漢書杜喬傳

杜喬字叔榮，河內林慮人也。順帝時爲大司農。時梁冀子弟五人及中常侍以無功並封。喬上書切諫，不省。嗣又累與冀忤。先是李固見廢，內外喪氣，惟喬正色無所回撓，爲朝野所瞻望。後卒爲冀所譖，死獄中。與李固俱暴尸於城北，家屬故人莫敢視者。

喬故椽陳留楊匡聞之，號泣星行到洛陽，乃着故赤幘，託爲夏門亭吏，守衞尸喪，驅護蠅蟲，積十二日，都官從事執之以聞。梁太后義而不罪。匡於是帶鈇鑕詣闕上書，並乞李、杜二公骸骨。太后許之。成禮殯殮，送喬喪還家，葬送行服，隱匿不仕。

又後漢書第五種傳

種字興先，少厲志義，爲吏，冠名州郡。永壽中，拜高密侯相。遷兗州刺史。以劾奏中常侍單超兄子匡臧五六千萬，州內震慄，朝廷嗟歎之。

單超積懷忿恨，遂以事陷種，竟坐徙朔方。超外孫董援爲朔方太守，稸怒以待之。初，種爲衞相，以門下椽孫斌賢，善遇之。及當徙斥，斌具聞超謀，乃謂其友人同縣閭子直及高密甄子然曰：「蓋盜憎其主，從來舊矣。第五使君當投裔土，而單超外屬爲彼郡守。夫危者易仆，可爲寒心。吾今方追使君，庶免其難。若奉使君以還，將以付子。」二人曰：「子其行矣，是吾心也。」於是斌將俠客晨夜追種，及之於太原，遮險格殺送吏，因下馬與種，斌自步從。一日一夜，行四百餘里，遂得脫歸。

上舉五例，前三類是屬於師、弟底恩誼，後二類則爲僚屬底報恩，雖行徑有異，但感人肺腑，則初無二致。

此外，有感知遇之恩，而制服從厚者：如

李恂爲太守李鴻功曹，而州辟恂爲從事。會鴻卒，恂不應州命，而送鴻喪還鄉里，既葬，留起冢墳，持喪三年。（後漢書李恂傳）

樂恢爲郡吏，太守坐法誅，故人莫敢往，恢獨奔喪行服，坐以抵罪。（後漢書樂恢傳）

桓典因國相王吉以罪被誅，故人親戚莫敢至者。典獨弃官收殮歸葬，服喪三年，負土成墳，爲立祠堂，盡禮而去。（桓典傳）

袁逢舉荀爽有道，爽不應。及逢卒，爽制服三年。（後漢書荀爽傳）

又有以讓爵爲高者：如

鄧彪少勵志，修孝行。父卒，讓國於異母弟荆鳳，顯宗高其節，下詔許焉。（後漢書鄧彪傳）

劉愷以當襲般爵，讓於弟憲，遁逃避封。久之，有司奏請絕愷國，肅宗美其義，特優假之。愷猶不出。積十餘歲，至永元十年，有司復奏之。後賈逵奏，當成其讓國之美，帝乃詔憲嗣爵。（後漢書劉愷傳）

桓榮卒，郁當襲爵，上書讓於兄子汎，顯宗不許，不得已受封，悉以租入與之。（後漢書桓郁傳）

丁綝卒，子鴻請讓爵於弟盛，不報。鴻乃逃去，以采藥爲名。後友人鮑駿遇之於東海，責以兄弟私恩，絕其父不滅之基，鴻感悟，乃歸受爵。（後漢書丁鴻傳）

郭躬長子賀當嗣爵，讓於小弟時而逃去。積數年，詔大鴻臚下州郡追之，賀不得已，乃出受封。（後漢書郭躬傳）

徐防卒，子衡當嗣，讓封於其弟崇。數歲，不得已，乃出就爵。（後漢書徐防傳）

而黨錮之流，依仁蹈義，舍命不渝，尤足抗懷千古。

後漢書黨錮列傳序云：

逮桓靈之間，主荒政謬，國命委於閹寺，士子羞與爲伍，故匹夫抗憤，處士橫議，遂乃激揚名聲，互相題拂，品覈公卿，裁量執政，婞直之風，於斯行矣。

自是正直廢放，邪枉熾結，海內希風之流，遂共相標榜，指天下名士，爲之稱號。上曰「三君」，次曰「八俊」，次曰「八顧」，次曰「八及」，次曰「八廚」，猶古之「八元」、「八凱」也。竇武、劉淑、陳蕃爲「三君」。君者，言一世之所宗也。李膺、荀翌、杜密、王暢、劉祐、魏朗、趙典、朱寓爲「八俊」。俊者言人之英也。郭林宗、宗慈、巴肅、夏馥、范滂、尹勳、蔡衍、羊陟爲「八顧」。顧者，言能以德行引人者也。張儉、岑晊、劉表、陳翔、孔昱、苑康、檀敷、翟超爲「八及」。及者，言能導人追宗者也。度尙、張邈、王考、劉儒、胡母班、秦周、蕃嚮、王章爲「八厨」。厨者，言能以財救人者也。

東漢風氣，本以名行相尙，迨朝政日非，則淸議益峻。號爲正人者，指斥權奸，力持正論。由是其名益高，海內攀龍附鳳惟恐不及，皆以名入黨人中爲榮。（註一二）甚而有以不被捕縛爲憾而自罪上表者：如

范滂後事釋，南歸。始發京師，汝南、南陽士大夫迎之者數千兩。同囚鄉人殷陶、黃穆，亦免俱歸，並衞侍於滂，應對賓客。（黨錮列傳范滂條）

侍御史蜀郡景毅子顧爲李膺門徒，而未有錄牒，故不及於譴。毅乃慨然曰：「本謂膺賢，遣子師之，豈可以漏奪名籍，苟安而已！」遂自表免歸，時人義之。（黨錮列傳李膺條）

及黨事大起，天下名賢多見染逮，皇甫規雖爲名將，素譽不高。自以西州豪傑，恥不得豫，乃先自上言：「臣前薦故大司農張奐，是附黨也。又臣昔論輸左校時，太學生張鳳等上書訟臣，是爲黨人所附也。臣宜坐之。」朝廷知而不問。時人以爲規賢。（皇甫規傳）

朱並素性佞邪，爲張儉所弃，並懷怨恚，遂上書告儉與同郡二十四人爲黨，於是刊章討捕。儉得

亡命，困迫遁走，望門投止，莫不重其名行，破家相容。其所經歷，伏重誅者以十數，宗親並皆殄滅，郡縣爲之殘破。（黨錮列傳張儉條）

千百年之後，重讀這些節義之士可歌可泣的悲壯事蹟，那股氣壯山河的震撼力，仍給人一種沛然莫之能禦的感覺。雖然，「哲人日已遠」，但「典型在夙昔。」所謂「聞伯夷之風者，頑夫廉，懦夫有立志。」「聞柳下惠之風者，鄙夫寬，薄夫敦。」便是見賢思齊之意。當我們「風簷展書讀」時，將不難體會到「正氣所磅礴，凜烈萬古存。當其貫日月，生死安足論？地維賴以立，天柱賴以尊。三綱實繫命，道義爲之根。」的道理，而能雞鳴卽起，孳孳爲學，以道之不明，己之不免爲鄉人，一息之或懈爲憂。凡所以進德修業之法，無不黽勉從事。中華人本文化之所以可貴，全在奠基於以「道義爲之根」的學問之上。「讀聖賢書，所學何事？」便是學先聖先賢治人之大法，學先聖先賢立身之大節。唯有鐵肩擔道義，才能爲天地立心，爲生民立命；爲往聖繼絕學，爲萬世開太平。才能以天下國家爲己任，「無求生以害仁，有殺身以成仁。」才能視富貴如浮雲，才能「有所不爲」，才能「知其不可而爲。」也才能擇善固執，拳拳服膺，仰不愧而俯不怍。——而這一切全都要從「經學」上來。

七、結論

顧炎武說：「經術之治，節義之防，光武明章，數世營之而未足，毀方敗常之俗，孟德一人變之而有餘。後之爲人君者，將欲樹之風聲，納之軌物，以善俗而作人，不可不察乎此矣。」學問惟寡欲能精，節義惟無欲能立。蓋「無欲則剛」，能剛則不役於物，可以「居天下之廣居，立天下之正位，行天下之大道，得志，與民由之；不得志，獨行其道。富貴不能淫，貧賤不能移，威武不能屈；此之謂大丈夫。」（註一三）「經術之治」，卽所以「去人欲、存天理。」觀夫伏湛自伏生以後，世傳經學，歷兩漢四百年，淸靜無競，人稱「伏不鬥」而可證。而六經卽是天理之總滙——天理只是仁義禮智之總名，仁義禮智便是天理之件數。（註一四）道之本仁義而已矣，五典以經之，羣籍以緯之，施之當時則爲道德，垂之後世則爲典經。（註一五）是「治世存正之所由，立身擧動之準繩。其用遠而業貴，其事大而辭美，有國有家，不易之制也。」（註一六）建國君臣，在敎爲首；砥身礪行，由乎經術。今日何日？滔滔者天下皆是也。隆六藝以宣聖敎，資經典以濟末俗，國家尊經重學，非直肅淸政化，抑所以搘拄衰微。（註一七）

【附註】

註一　見漢代學術史略。
註二　同右。
註三　賈誼語。
註四　尸佼語。
註五　高攀龍語。

註 六　趙樞生語。
註 七　見韓愈原道篇。
註 八　皮錫瑞語。
註 九　見漢書儒林列傳。
註一〇　見皮錫瑞經學歷史。
註一一　劉熻語。原文謂：「治道原於士風，士風本於學術。周衰，孔子取先王之大經大法，與其徒誦而傳之，雜見於六經。千載之後，學者習焉，故以事父則孝，以事君則忠。」
註一二　見趙翼廿二史劄記。
註一三　見孟子滕文公篇。
註一四　見朱子答何叔京書。
註一五　荀悅語。
註一六　葛洪語。
註一七　見皮錫瑞經學歷史。